생생 체험

현지

비즈니스 일본어

저자 **함채원**

다락원

머리말

저는 가장 격식 갖춘 비즈니스 일본어를 사용하는 현장에서 국제회의 통역사로서 정부·기관·기업 간 소통의 가교 역할을 하며 많은 분을 만났습니다. 그중에는 오랜 시간 일본어를 유창하게 구사하시는 한국 분들도 있었는데, 일본인이라면 누구나 알 법한 관습적인 표현을 모르거나 격식과 형식에 맞지 않는 일본어를 사용하는 분들이 많았습니다. 또한 일본인과의 비즈니스 대화를 이해하지 못해 어려워하는 모습도 접했습니다.

왜 이런 경우가 생기는 걸까요? 바로 비즈니스 일본어는 사용하는 어휘, 문장 구성 등이 일반 회화와 다른 특수한 일본어이기 때문입니다. 비즈니스 일본어에는 정해진 형식이 있어 그 형식을 따라야 합니다. 이 때문에 일본인들도 취직을 해서 '비즈니스 상황에서 쓰는 일본어'를 새로 배우기도 합니다. 하지만 이처럼 언어에 일정한 법칙과 관용어법이 있다는 것은 달리 말하면 학습을 통해 누구나 원어민처럼 구사할 수 있다는 뜻입니다.

이 책에서는 일본에서 필수로 사용하는 높임말, 관용어법 등을 소개합니다. 하나를 배워도 제대로 배워야 한다는 생각으로 현장에서 꼭 쓰이는 '생생한' 표현을 실었습니다. 비즈니스 현장에서 마주치는 100가지 상황을 총망라하였기 때문에 이 한 권만으로도 수준 높은 비즈니스 일본어를 통달할 수 있습니다. 이 책에서는 실전에서 그대로 쓰거나 일부 단어만 바꿔서 활용할 수 있는 표현으로 구성하였고, 학습자의 수준에 맞게 학습할 수 있도록 다양한 표현도 소개하고 있습니다. 이 책을 통해 읽고 말해 보며 표현을 연습해 보는 것도 중요하지만 듣는 것도 중요합니다. 이 책이 제공하는 MP3 파일을 잘 듣고 따라 말하며 공부한다면 띄엄띄엄 들리던 비즈니스 회화도 제대로 들리게 될 것이며, 비즈니스 일본어를 '현지인처럼 자연스럽게' 구사할 수 있게 될 겁니다. 부디 여러분의 새로운 도약에 이 책이 작은 도움이 되기를 바랍니다.

마지막으로 이 책의 기획부터 집필, 편집에 이르기까지 다락원 일본어출판부의 세심한 조언과 전폭적인 지원에 진심으로 감사의 말씀을 전합니다.

저자 함채원

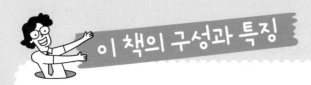

이 책의 구성과 특징

『생생 체험 현지 비즈니스 일본어』는 비즈니스 현장에서 실제로 쓰이는 표현을 익힐 수 있습니다. 다양한 장면의 표현을 익히고, 상황에 맞는 표현을 골라서 학습할 수 있습니다. 실제 비즈니스 현장에서 쌓아 온 경험이 담긴 저자의 꼼꼼한 해설, 일본인 전문 성우의 생생한 음원을 통해 탄탄한 비즈니스 회화 실력을 쌓을 수 있습니다.

상단의 번호가 MP3 파일의 번호입니다.

주제와 관련된 회화를 제시하고, 간단한 해설을 실었습니다.

001 첫 만남 ①

Ⓐ 늘 신세말이 지고 있습니다.

Ⓑ 처음 인사드립니다.

Ⓐ いつもお世話になっております。

Ⓑ 初めてお目にかかります。

「いつもお世話になっております」는 비즈니스 상황에서「こんにちは」대신 사용하는 전형적인 인사말입니다. 「AH商社にはお世話になっております」처럼 상대의 회사를 대상으로도 쓸 수 있습니다.
「初めてお目にかかります」는「はじめまして」를 더욱 정중하게 한 말로, 뒤에 자기소개를 붙여 말하는 것이 일반적입니다.

10

일러두기

본래 일본어는 의문문에도 마침표(。)를 사용하지만 이해를 돕기 위해 이 책에서는 물음표를 혼용했습니다.

주제에서 확장된 표현을 제시합니다.
비즈니스 현장에서 유용하게 쓰이는 표현을 담았습니다.

● 금번에 신세를 지게 되었습니다.

この度はお世話になります。
たび　　　　せ　わ

* 「この度」는 '금번, 이번'이라는 뜻으로, 인사말 앞에 붙이는 경우가 많습니다.

● 오카나미 물산에는 늘 신세 지고 있습니다.

オカナミ物産様にはいつもお世話になっております。
ぶっさんさま　　　　　　　　　　　せ　わ

* 회사 등을 대상으로 표현할 때는 회사명이나 상호 위에 「さん・様」를 붙여 말하는 경우가 많습니다.

● 모쪼록 잘 부탁드립니다.

なにとぞよろしくお願いいたします。

* 「なにとぞ」는 「どうぞ」 대신 흔히 쓰는 정중한 말로, 그 밖에 「今後(こんご)とも(앞으로도)」, 또는 「引き続き(계속해서)」를 넣어 말할 수도 있습니다. 「今後とも」는 상황이 일단락된 후, 「引き続き」는 상대와 무언가를 같이 하고 있는 중간에 씁니다.

● 뵙게 되어 기쁘게 생각합니다.

お会いできて大変うれしく思います。
　　　　　　　たいへん

* 앞에 「○○様のことはかねがね聞いておりましたので(○○ 님 말씀은 많이 들었는데)」를 넣어 말해도 좋습니다.

● 뵙게 되어 영광입니다.

お会いできて光栄です。
　　　　　　こうえい

* 「お会いできて」 대신 「お目にかかれて(뵙게 되어)」를 쓰면 더욱 공손히 말할 수 있습니다.

단어장 **なにとぞ** 부디, 아무쪼록　**光栄** 영광

11

주요 단어를 정리했습니다.

함께 알아 두면 좋은 문법, 어휘 등도 함께 다뤘습니다.

PART
01

첫인사와 소개

○ **첫 만남**
처음 인사드립니다
인사가 늦었습니다

○ **명함 교환**
감사히 받겠습니다
지금 명함이 다 떨어져서요

○ **타인 소개**
이쪽은 저희 회사 우에다 부장님이십니다

○ **재회**
그간 연락도 못 드렸습니다

A 늘 신세 많이 지고 있습니다.

B 처음 인사드립니다.

A **いつもお世話になっております。**
せ わ

B **初めてお目にかかります。**
はじ　　　め

「いつもお世話になっております」는 비즈니스 상황에서「こんにちは」대
せ わ
신 사용하는 전형적인 인사말입니다.「AH商社にはお世話になっておりま
しょうしゃ　　　せ わ
す」처럼 상대의 회사를 대상으로도 쓸 수 있습니다.

「初めてお目にかかります」는「はじめまして」를 더욱 정중하게 한 말로,
はじ　　　め
뒤에 자기소개를 붙여 말하는 것이 일반적입니다.

● 금번에 신세를 지게 되었습니다.

この度はお世話になります。
たび　　　　せ　わ

- 「この度」는 '금번, 이번'이라는 뜻으로, 인사말 앞에 붙이는 경우가 많습니다.

● 오카나미 물산에는 늘 신세 지고 있습니다.

オカナミ物産様にはいつもお世話になっております。
ぶっさんさま　　　　　　　　　せ　わ

- 회사 등을 대상으로 표현할 때는 회사명이나 상호 뒤에 「さん・様」를 붙여 말하는 경우가 많습니다.

● 모쪼록 잘 부탁드립니다.

なにとぞよろしくお願いいたします。

- 「なにとぞ」는 「どうぞ」 대신 흔히 쓰는 정중한 말로, 그 밖에 「今後(こんご)とも(앞으로도), 또는 「引き続き(계속해서)」를 넣어 말할 수도 있습니다. 「今後とも」는 상황이 일단락된 후, 「引き続き」는 상대와 무언가를 같이 하고 있는 중간에 씁니다.

● 뵙게 되어 기쁘게 생각합니다.

お会いできて大変うれしく思います。
たいへん

- 앞에 「○○様のことはかねがね聞いておりましたので (○○ 님 말씀은 많이 들었는데)」를 넣어 말해도 좋습니다.

● 뵙게 되어 영광입니다.

お会いできて光栄です。
こうえい

- 「お会いできて」 대신 「お目にかかれて(뵙게 되어)」를 쓰면 더욱 공손히 말할 수 있습니다.

 なにとぞ 부디, 모쪼록　光栄 영광

> **A** 인사가 늦었습니다.
> 스튜디오 히카루의 나카타입니다.

> **B** 나카타 님 말씀은 많이 들었습니다.

A 申し遅れました。スタジオヒカルの中田と申します。
　　もう　おく　　　　　　　　　　　　　　　　　なか た　　　もう

B 中田様のことは、かねがね聞いておりました。
　　なか た さま

「申し遅れました」는 「申す+遅れる」형태의 복합 동사로, '인사가 늦었습니
もう おく
다'라는 의미를 가진 관용적인 표현입니다.

「かねがね聞いておりました」는 '진작부터 들어서 익히 알고 있습니다'라는
의미입니다. 상대의 이름 대신 「お噂は(말씀은)」, 「お名前は(존함은)」로 바
うわさ
꿔 쓸 수 있습니다.

● 인사가 늦었습니다.

ご挨拶が遅くなりました。
あいさつ

● 마이트리 소프트 제2 영업부 시미즈 미호라고 합니다.

マイツリーソフト、第2営業部の清水みほと申します。
えいぎょう ぶ　　　　しみず　　　　　　もう

● 상품 개발부에 있습니다.

商品開発部におります。
しょうひんかいはつ ぶ

　　　　　　　　　　　　　　　　　● 자신의 소속 회사나 부서를 간단하게 소개하는 방법입니다.

● 지난번에 인사드린 타임 시큐리티의 이시바시입니다.

先日お会いしたタイムセキュリティの石橋です。
せんじつ　　　　　　　　　　　　　　　　　　　　　いしばし

　　　　● 「お + 동사의 ます형 + する・いたす」의 형태로 '~하다'의 의미의 겸양 표현을 말할 수 있습니다.

● 항상 메일로 연락드렸던 다니타입니다.

いつもご連絡のやりとりでお世話になっております
れんらく　　　　　　　　　　　　せ わ

谷田です。
たに た

　　　　　　　　　　　　　　● 「いつも~でお世話になっております」의 물결표 부분에는
　　　　　　　　　　　　　　　업무, 연락 수단 등 구체적인 내용을 넣어 말하면 됩니다.

 かねがね 전부터, 이미　**開発** 개발　**先日** 요전, 지난번

003 명함 교환 ①

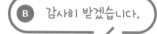

A 저는 상품 개발을 담당하고 있는 가메이입니다.

B 감사히 받겠습니다.

A 私、商品開発を担当しております亀井と申します。
わたくし　しょうひんかいはつ　たんとう　　　　　　　　　かめい　もう

B ちょうだいいたします。

「私(わたくし)」는「私(わたし)」보다 정중한 표현으로, 서두에「私」를 조금 천천히 말하면서 명함을 내밀면 지금부터 자기소개를 할 것이라는 암묵적인 신호가 됩니다. 명함을 건넬 때「～を担当しております」를 활용해 자신의 담당 업무를 소개하면 됩니다.「ちょうだいいたします」는「いただきます (받겠습니다)」와 같은 의미로, 상대에게 명함을 받을 때 쓰는 관용적인 표현입니다.

🔵 죄송하지만 명함을 한 장 받을 수 있을까요?

恐れ入りますが、お名刺を1枚ちょうだいできます
おそ　い　　　　　　　　めいし
でしょうか。

> ● 상대의 명함을 요청할 때 쓸 수 있는 표현으로, 「ちょうだい+できる」의 형태를 씁니다.

🔵 테이블 너머로 죄송합니다.

机の上から失礼します。
　　　　　　しつれい

> ● 테이블을 돌아 나와 명함을 건네는 것이 예의이지만 그럴 수 없는 상황에는
> 이와 같은 한 마디를 덧붙이며 명함을 건넵시다.

🔵 실례지만 존함은 뭐라고 읽으면 될까요?

失礼ですが、お名前は何とお読みすればよろしい
しつれい
でしょうか。

> ● 서두에 완곡어로 「失礼ですが」를 넣으면 더욱 정중하게 들립니다.
> 또한 「何と(뭐라고)」 대신 「どのように(어떻게)」라고 말할 수도 있습니다.

🔵 홍지유라 불러 주세요

ホン・ジユとお呼びください。

🔵 성함은 한자로 어떻게 쓰시나요?

お名前は漢字でどう書きますか？

> ● 한국 명함은 한자보다는 주로 영어와 한글 조합이기 때문에 일본 사람이 간혹 물어볼 때가 있습니다.

　　開発 개발　**担当する** 담당하다　**名刺** 명함

> **B** 다음번에 주셔도 괜찮습니다.

> **A** 죄송합니다.
> 지금 명함이 다 떨어져서요.

A 申し訳ございません。
ただいま、名刺を切らしておりまして…。

B また次回でかまいません。

「名刺を切らす」는 '명함이 떨어지다'라는 의미로, 「名刺を切らしておりまして…。」와 같이 말끝을 흐리면서 말하기도 합니다. 답할 때는 「かまいません(상관 없습니다, 괜찮습니다)」라고 답하며, 상대가 윗사람이라면 그 뒤에 「お気になさらずに(신경 쓰지 마세요)」를 붙이면 더욱 정중하게 들립니다.

16

● 공교롭게도 명함이 다 떨어졌습니다.

あいにく名刺を切らしてしまいました。
　　　　めいし　　　き

● 괜찮으니 신경 쓰지 마세요.

お気になさらないでください。

● 상대가 자신보다 윗사람일 경우에 덧붙여주면 좋습니다.

● 연락처는 이쪽이 맞으신가요?

連絡先はこちらでよろしいでしょうか。
れんらくさき

● 명함을 가리키며 상대의 전화번호나 메일 주소를 다시 확인하면 좋습니다.

● 다음번에 뵐 때 부탁드립니다.

また次回お会いするときにお願いいたします。
　　　じかい

● 다시 명함을 드리겠습니다.

改めて名刺をお渡しいたします。
あらた　　めいし　　わた

次回 다음번　あいにく 공교롭게도　改めて 다시, 다음 기회에

B 늘 신세 지고 있습니다. 우에다입니다.

A 이쪽은 저희 회사 우에다 부장님이십니다.

C 잘 부탁드립니다.

A こちら、弊社部長の上田でございます。
へいしゃ ぶ ちょう うえ だ

B いつも大変お世話になっております。上田と申します。
たいへん せ わ うえ だ もう

C どうぞよろしくお願いいたします。

자신의 회사는 「弊社(폐사)」, 상대의 회사는 「御社(귀사)」라고 말합니다. 또
へいしゃ   おんしゃ
한 일본은 관계에 따라 경어 사용을 달리하므로 자기 회사 사람을 소개할 때는
상사라 하더라도 '~님' 등의 높임말을 사용하지 않습니다. 자신의 상사는 「私
わたくし
の上司」, 후임은 「後任」을 써서 추가 설명을 해도 좋습니다.
じょう し   こうにん

18

● 여기는 제 상사인 야마모토 과장님이십니다.

こちら、私の上司で、課長の山本でございます。
わたし　　じょうし　　　かちょう　　やまもと

   ● 직책 등을 이름 뒤에 바로 붙이면 높임말이 되므로 자신의 회사 사람을 소개할 때는 앞에 붙여 말합니다.

● 부장님, 이쪽은 시로마루 주식회사 영업부의 사사키 님이십니다.

部長、こちらはシロマル株式会社営業部の佐々木様で
ぶちょう　　　　　　　　　　　　かぶしきがいしゃえいぎょうぶ　　　ささきさま
いらっしゃいます。

   ● 회사 사람에게 외부인을 소개할 때는 이름 뒤에 「～でいらっしゃいます」를 써서 말합니다.
   이름 앞에 「ご担当者である(담당자이신)」를 붙여 소개해도 좋습니다.

● 함께 일할 수 있게 되어 기쁩니다.

一緒に仕事ができてうれしいです。

● 일전에 국제 박람회에서 뵌 적이 있습니다만….

以前国際展覧会でお会いしたことがあるのですが…。
い　ぜんこくさいてんらんかい

● 사사키 부장님께는 늘 폐만 끼치고 있습니다.

佐々木部長にはいつもご迷惑ばかりかけています。
ささきぶちょう　　　　　　　　　　めいわく

   ● 「迷惑をかける(폐를 끼치다)」를 사용해 상대방에게 말할 때는
   공손하게 「ご迷惑をかける」 또는 「ご迷惑をおかけする」로 표현하면 좋습니다.

 株式会社 주식회사　**展覧会** 전람회, 박람회

> **A** 그때는 신세 많이 졌습니다.

> **B** 그간 연락도 못 드렸습니다.

A その節はお世話になりました。
せつ　　せわ

B すっかりご無沙汰しております。
ぶ　さ　た

회화의 A, B는 재회 시 유용한 관용적 표현입니다. 「その節」는 '(서로 알고 있는) 그때'라는 뜻으로, 과거에 있었던 일 등을 화제로 삼을 때 쓸 수 있는 표현입니다. 「その節はどうも(그때는 감사했습니다)」처럼 짧게 표현할 수도 있습니다. 「ご無沙汰しております」는 '격조했습니다'라는 의미로, 한동안 연락이 뜸했다는 말입니다. 우리말은 어려워 보이지만 비즈니스 상황에서는 흔히 쓰는 말이므로 적극 활용하면 좋습니다.

● 지난번에는 정말 감사했습니다.

その節はどうもありがとうございました。
せつ

● 「その節(지난번, 그때)」 대신 「先日(일전, 요전)」를 쓸 수 있습니다.

● 지난번에는 정말 신세 많이 졌습니다.

先日は大変お世話になりました。
せんじつ　　　たいへん　　　せ　わ

● 어떻게 지내셨나요?

いかがお過ごしでしたか？
す

● 「お元気ですか(잘 지내시죠?)」를 정중하게 쓴 표현입니다.

● 별고 없으신가요?

お変わりありませんか？

● 「お変わりありませんでしたか(별고 없으셨죠?)」와 같이 과거형으로 표현할 수도 있습니다.

● 건강해 보이셔서 다행입니다.

お元気そうで何よりです。
なに

● 「～で何よりです」는 '～해서 다행입니다'라는 뜻입니다.

 すっかり 완전히, 아주, 모두　いかが 어떻게　何より 무엇보다도, 가장 좋은

PART 02

가벼운 대화

명함 보고 말하기
지바라면 한 번 가본 적이 있습니다
고향은 어디신가요?

계절과 날씨
꽃구경하기 딱 좋은 계절이네요
이제 본격적인 여름이네요
꽁치가 맛있는 계절이 되었네요
온천이 그리운 계절이 왔네요

취미와 관심사
같이 이야기 나누면 좋겠네요

칭찬하기
더 멋있어지셨네요

대화 마무리하기
도쿄에 오실 일이 있으면 꼭 들러 주세요
조만간 또 뵙겠습니다

A 御社の本社は千葉県なんですね。
　　おんしゃ　ほんしゃ　ち　ば　けん

　　千葉なら一度伺ったことがあります。
　　ち　ば　　　　　　うかが

B そうですか。日本にはよくいらっしゃるんですか？

비즈니스상 가벼운 대화는 서로의 거리를 좁히고 업무상 정보를 수집하는 데
유용합니다. 서로의 명함을 보면서 회사 소재지와 관련된 화제를 다룰 수도 있
습니다. 「○○지역+なんですね(○○지역에 있군요)」 등과 같이 언급한 후 그
지역에 가 봤다거나 들어 봤다는 등의 친근감을 나타내는 표현을 써 주면 좋습
니다. 「そうですか」는 말끝을 내려 말합니다. 또한 상대의 말에 질문으로 답
하면 대화를 이어나가기 쉽습니다.

🔵 네, 맞습니다. 지사는 후쿠오카와 오카야마에 있고요.

ええ、そうです。支社は福岡と岡山にありますし。
しゃ　ししゃ　ふくおか　おかやま

> ●「〜し」는「〜ます」 뒤에 붙일 경우 나열의 의미로 정중하게 사용할 수 있습니다.
> 여운을 남기듯 말끝은 내려줍니다.

🔵 지바라면 예전에 근처를 지나간 적이 있습니다.

千葉なら以前、近くを通ったことがあります。
ち　ば　　　い ぜん

> ●「〜なら」는 '〜로 말할 것 같으면'의 의미입니다. 제시한 주제어에 설명을 덧붙일 때 유용합니다.

🔵 홋카이도 오타루라면 여행 유튜브에서 본 적이 있습니다.

北海道の小樽なら旅行ユーチューブで見たことが
ほっかいどう　　おたる

あります。

> ● 상대방의 고향이나 회사 소재지를 높여서 말하는 표현이므로 여기서 높임의 대상은「北海道の小樽」입니다.
> 그러므로「拝見する('보다'의 겸양어)」를 쓴「ユーチューブで拝見した」는 어색한 표현입니다.

🔵 제가 있는 지사는 그야말로 시골이지만요.

私のいる支社はド田舎ですけどね。
わたくし　　　　　　ししゃ

> ●「〜ですけどね」는 '〜이지만요'의 뜻입니다. 여기서「ド」는「田舎」를 더욱 강조하기 위해 쓰였습니다.

🔵 연구소는 오카야마에 있는데요, 오카야마라고 아시나요?

研究所は岡山にあるんですが、岡山ってご存じですか？
けんきゅうじょ　おかやま　　　　　　　　　　おかやま　　　ぞん

 研究所 연구소　ご存じだ 아시다

25

Ⓑ 규슈의 후쿠오카현 출신입니다.

Ⓐ 고향은 어디신가요?

Ⓐ ご出身はどちらですか？
　しゅっしん

Ⓑ 九州の福岡県出身です。
　きゅうしゅう　ふくおかけんしゅっしん

일본 사람들은 고향, 출신 지역을 화제 삼아 활발히 이야기를 나누는 경향이 있습니다. 반면 상대의 나이나 결혼 유무는 잘 묻지 않으므로 유의해야 합니다. 일본의 지역별 유명한 먹거리나 관광 명소 등을 미리 알아 두면 좋은 화젯거리가 됩니다.

「どちらですか」는 방향을 물어보는 것이 아니라 「どこですか(어디인가요?)」의 정중한 표현입니다. 「ご出身はどちらですか」, 「ご実家はどちらですか」와 같이 사용합니다.

● 저는 제주도 출신인데, 하시모토 님은 고향이 어디신가요?

私はチェジュド出身なのですが、橋本様のご実家は
どちらですか？

    ● 나에 대한 정보를 제시하면 상대방에게도 질문하기 쉬워집니다.

● 댁은 회사 근처이신가요?

お住まいは御社のお近くですか？

    ●「お住まい」는 '사시는 곳, 댁'의 의미입니다.

● 귀사에서 가장 가까운 역이 어딘가요?

御社の最寄り駅はどちらでしょうか。

    ●「最寄り」는 '가장 가까운'이라는 뜻입니다.

● 나고야는 닭 날개 요리가 유명하다고 들었습니다.

名古屋は手羽先が有名だと伺っております。

    ●「～と伺っております」는 들어서 알고 있는 내용을 전달할 때 유용하게 쓸 수 있는 표현입니다.

● 한국에서도 사케는 인기가 많은데 니가타는 맛있는 사케가 많다고 들었습니다.

韓国でも日本酒がブームですが、新潟はおいしい
日本酒が多いと伺いました。

    ● 보통 한국에서 말하는 사케(청주, 정종)는 「日本酒」라고 부릅니다.

 단어　**出身** 출신　**実家** 생가, 친정

009 계절과 날씨 ①

> **A** 슬슬 꽃구경 시즌이네요.

> **B** 그렇네요.
> 꽃구경하기 딱 좋은 계절이네요.

A そろそろお花見シーズンですね。
はなみ

B そうですね。お花見日和ですね。
はなみ びより

처음 만난 사이에 또는 본격적인 비즈니스 미팅에 들어가기 전에 가볍게 대화를 나누기엔 날씨와 관련된 화제가 활용도가 높습니다. 기온이 26도를 넘으면 맥주가 더 많이 팔린다 등의 잡학 지식을 추가해서 화제를 확장하면 좋습니다. 「～日和」는 '～하기 딱 좋은 계절, 날씨'라는 뜻으로, 앞에 명사를 붙여 「秋日和(가을 날씨)」, 「小春日和(초겨울의 봄처럼 따뜻한 날씨)」 등과 같이 씁니다. 「お花見にぴったりな季節ですね(꽃구경하기에 딱 맞는 계절이네요)」와 같이 표현할 수도 있습니다.

💬 이제야 좀 따뜻해졌네요.

ようやく暖かくなってきましたね。

> ● 「ようやく＋동사의 て형＋きました (이제 좀 ～해졌습니다)」의 형태로 자주 쓰입니다.

💬 봄 바람이 기분 좋네요.

春風が心地いいですね。
はるかぜ　ここち

💬 올해는 꽃가루가 심한 것 같네요.

今年の花粉は多いみたいですよ。
か ふん

> ● 일본에서는 봄에 「花粉症(かふんしょう)」, 즉 꽃가루 알레르기가 큰 화두입니다.
> '꽃가루가 심하다'라고 할 때 「ひどい」를 쓸 것 같지만 의외로 「多い」를 많이 쓴다는 점을 알아 두세요.

💬 이제야 좀 따뜻해지는가 싶었더니, 요 며칠 꽃샘추위가 계속되네요.

やっと暖かくなってきたと思ったらここ数日、花冷えが
すうじつ　はなび

続いていますね。

💬 오늘은 산책하기 좋은 날씨네요.

今日はお散歩日和ですね。
さんぽ びより

> ● 이외에도 '빨래가 잘 마르는 화창한 날씨'는 「洗濯日和(せんたくびより)」와 같이 씁니다.

 心地 기분, 마음　花粉 꽃가루　数日 며칠　花冷え 꽃샘추위, 이른 봄의 추위

B 그러게요,
잠 못 자는 날이 이어지겠네요.

A 이제 본격적인 여름이네요.

A いよいよ夏本番ですね。
　　　　なつほんばん

B そうですね、寝苦しい日が続きそうですね。
　　　　　　　ねぐる

「本番」은 '본격적으로 시작되다'라는 의미로 쓰입니다. 「いよいよ + 계절+本
ほんばん
番ですね」 또는 「もう + 계절+本番ですね」의 형태로 '벌써 본격적인 ~이네
요'의 의미를 나타낼 수 있습니다. 이를 활용해 계절을 상징하는 것을 넣어 「お
花見シーズンもいよいよ本番ですね(이제 본격적인 꽃구경 시즌이네요)」,
はなみ
「桜もいよいよ本番ですね(이제 본격적인 벚꽃 철이네요)」와 같이 쓰기도
さくら
합니다.
「寝苦しい日」는 잠들기 어려운 날, 즉 열대야를 에둘러서 표현한 말입니다.
ねぐる

🗨 아, 벌써 여름 느낌이네요.

いやぁ、もう夏って感じですね。

🗨 오늘은 덥네요. 30도가 넘는다고 합니다.

今日は暑いですね。30℃を超えるそうですよ。
　　　　　　　　　　　　こ

🗨 꿉꿉한 날씨가 한동안 이어지겠네요.

うっとうしい天候がしばらく続きそうですね。
　　　　　　　てんこう

● 「しばらく」는 '잠시, 한동안'이라는 의미입니다.

🗨 더위를 이기는 방법으로 하시는 게 있나요?

夏バテ対策とか何かされていますか？
なつ　　　たいさく　　なに

● 한국에서는 더위를 이겨내기 위해 삼계탕, 콩국수, 냉면 등을 흔히 먹는데,
일본에서는 장어, 국수, 맥주가 대표적인 여름 음식으로 꼽힙니다.

🗨 일본도 지금 장마철인가요?

日本も今、梅雨ですか？
　　　　　つゆ

うっとうしい 울적하다, 우중충하다, 꿉꿉하다　天候 기후, 날씨　夏バテ 더위 먹음
対策 대책

B 지금이 딱 제철이죠.

A 꽁치가 맛있는 계절이 되었네요.

A サンマがおいしい季節になりましたね。
　　　　　　　　　き せつ

B 今がちょうど旬ですよね。
　　　　　　　しゅん

한국에서 '전어 철, 방어 철'과 같이 표현하는 경우가 많은데, 일본 역시 제철 음식 등으로 계절을 이야기하는 경우가 많습니다. 이 때는 「○○がおいしい 季節になりましたね」와 같은 형태로 표현합니다. 특히 꽁치(サンマ)를 나타내는 일본어 한자에는 「秋刀魚」와 같이 '秋(가을 추)'가 들어가 있을 만큼 일본에서는 가을을 알리는 생선으로 유명합니다. 「栗(밤)」, 「柿(감)」, 「松茸(송이버섯)」 역시 일본 사람들이 가을하면 떠올리는 대표적인 제철 음식이므로 화제로 활용하면 좋습니다. 여기서 「旬」은 '제철'이라는 뜻입니다.

● 단풍놀이 계절이 왔네요.

紅葉狩りの季節ですね。
もみじ が　　　　き せつ

> ● 「紅葉(こうよう)」는 나뭇잎이 붉고 노랗게 물드는 모든 자연 현상을 말하며,
> 「紅葉(もみじ)」는 식물 종인 단풍나무를 말합니다.

● 꽤 쌀쌀해졌네요.

だいぶ冷えてきましたね。
　　　ひ

> ● '쌀쌀해지다'라는 의미로 쓸 때는 「冷えてくる」와 같이 「～てくる」를 붙여 씁니다.
> 같은 한자를 쓰는 「冷める(식다)」와 헷갈리지 않게 유의하세요.

● 아침저녁으로 쌀쌀해졌습니다.

朝夕冷えてまいりましたね。
あさゆう ひ

> ● 「～てまいる」는 「～てくる」를 정중하게 표현한 말입니다.

● 일기 예보에 따르면 내일부터는 완전히 추워진다고 합니다.

天気予報によれば、明日からはすっかり冷え込むそう
てん き よ ほう　　　　　　　　　　　　　　　　　　ひ　こ
です。

> ● 「冷え込む」는 「冷える(쌀쌀하다)」보다 한 단계 더 추위가 깊어졌을 때 씁니다.

● 청량한 공기가 기분 좋네요.

凛とした空気が気持ちいいですね。
りん　　　　　　くう き

> ● 「凛とした空気」는 찬바람이 불며 기온이 떨어져 코끝이 차가운 듯한 공기를 가리켜 말합니다.

 단어 　**紅葉狩り** 단풍 구경, 단풍놀이　**朝夕** 아침저녁　**冷え込む** 몹시 춥다, 몸이 차가워지다

B 그러게요. 몸을 녹이고 싶네요.

A 온천이 그리운 계절이 왔네요.

A 温泉が恋しい季節がやってきましたね。
おんせん　こい　　き せつ

B そうですね。どこかで暖まりたいですね。
あたた

「○○が恋しい」는 '○○가 그리워지다'라는 뜻으로,「日差しが恋しい天気
こい　　　　　　　　　　　　　　　　　　　　　　ひ ざ　　　こい
(햇살이 그리운 날씨)」등과 같이 쓸 수 있습니다.「～季節がやってきました
き せつ
ね」는「～季節になりましたね」와 마찬가지로 계절에 대해 가볍게 대화를
き せつ
나눌 때 자주 쓰이는 표현입니다. '～한 계절이 찾아 왔네요'라는 의미를 가집
니다.

💬 올해도 얼마 안 남았네요.

今年も後わずかですね。
あと

  ● 「わずか(불과, 고작)」는 「後」 뒤에 붙여 쓰면 앞으로 얼마 남지 않았다는 의미가 됩니다.
    여기서 「後わずか」는 「後残りわずか」, 「残すところ後わずか」로 바꿔 쓸 수 있습니다.

💬 정말 올해도 순식간에 지나갔네요.

本当に今年もあっという間でしたね。
ま

  ● 「あっという間」는 '순식간'이라는 의미로, 「毎年の事ですが、今年もあっという間でしたね
    (매해 느끼지만, 올해도 순식간이네요)」와 같이 쓸 수 있습니다.

💬 올해도 이제 다 갔네요.

今年もいよいよ押し迫ってきました。
お   せま

💬 한국은 겨울에 보통 영하로 떨어져요.

韓国の冬はたいてい氷点下ですからね。
かんこく   ひょうてん か

  ● '영하'를 표현할 때, 「マイナス(마이너스)」로도 표현할 수 있습니다.

💬 연말연시는 어떻게 보내실 계획이세요?

年末年始はどのように過ごすご予定でしょうか。
ねんまつねん し   す

  ● 「予定」는 우리말로 치면 계획이나 일정에 가깝습니다. 이에 대한 답은 「家でゆっくりしたい」,
    「どこかに遊びに行く予定」, 「仕事に行く」 등을 활용해 보세요.

단어 温泉 온천 いよいよ 점점, 드디어 押し迫る 다가오다 氷点下 영하

취미와 관심사

> **B** 야구가 취미시군요.
> 같이 이야기 나누면 좋겠네요.

> **A** 학창시절 야구 동아리에 든 적이 있어
> 경기 관람하러 자주 갑니다.

A 学生時代は野球サークルに所属していたため、
しょぞく
試合観戦によく行きます。
し あいかんせん

B 野球がご趣味なんですね。

一緒にお話できましたらうれしいですね。

상대의 취미에 대해 말할 때는 정중하게「ご」를 붙여서「ご趣味」라고 표현하면 좋습니다.「~たらうれしいですね」는 '~하면 좋겠네요'라는 의미입니다. 첫 만남에서 이를 활용해 '(관심사에 대해서) 이야기 나누면 좋겠네요' 라는 표현으로「お話できましたらうれしいですね」를 쓰면 다른 사람에게 다가가기 쉬워집니다.

🔵 취미는 맛집 탐방입니다.

趣味は食べ歩きです。
　　　　　た　　ある

> ● 「食べ歩き」는 직역하면 '먹으며 걷기'이지만, 그보다는 맛집을 이곳저곳 다닌다는 의미로 쓰입니다.

🔵 취미는 요리이고 최근에는 오리지널 카레 가루도 만들기 시작했습니다.

趣味は料理で、最近はオリジナルのカレー粉づくりも
　　　　　　　　さいきん　　　　　　　　　　　　　　　こ
始めました。

🔵 사진 찍기가 취미라서 쉬는 날에는 자주 촬영하러 갑니다.

趣味は写真で、休日はよく撮影に出かけます。
　　　　　　　　きゅうじつ　　　　さつえい

🔵 같은 취미를 가지신 분이 계시다면 대화 나누면 좋겠습니다.

同じ趣味の方がいらっしゃいましたら、
　　　　　　かた
お話できましたらうれしいです。

> ● '같은 취미를 가지신 분'을 말할 때는 동사 없이 「同じ趣味の方」로 충분합니다.

🔵 그러시군요. 부디 좋은 가게를 추천해 주신다면 기쁘겠군요.

そうですか。ぜひおすすめのお店を教えていただけたら
うれしいです。

所属 소속　観戦 관전, 관람　撮影 촬영

칭찬하기

A 더 멋있어지셨네요.

B 고이케 님께 그런 말씀을 들으니 기쁘네요.

A 一段と素敵になられましたね。
いちだん　す てき

B 小池様に言われるとうれしいですね。
こ いけさま

상대의 분위기나 소지품 등을 칭찬하면서 호감을 주고 서로의 거리감을 좁힐 수 있습니다. 상대의 칭찬에 답을 할 때는「○○様に言われてうれしいです」,「そう言っていただけるとうれしいです」 등의 표현을 활용하면 됩니다. 이는 '그렇게 말씀해 주시니 기쁘네요'라는 뜻입니다.

💬 안경이 정말 세련됐네요.

眼鏡がとてもおしゃれですね。
　めがね

💬 그 펜, 엄청 쓰기 편해 보이네요.

そのペン、すごく使いやすそうですね。

💬 애용하는 물건입니다.

愛用しているものです。
　あいよう

● 상대에게 소지품에 대한 칭찬을 받았을 때 사용하면 좋은 표현입니다.

💬 이노우에 님은 저의 롤모델이세요.

井上さんは私の憧れです。
　いのうえ　　　　　あこが

💬 그렇게 말씀해 주시다니 기쁩니다.

そう言っていただけるとうれしいです。

● 앞에서 배운 「○○様に言われるとうれしいですね」와 바꿔 쓸 수 있는 표현입니다.

단어

一段と 한층, 더욱　**愛用** 애용, 좋아하여 자주 씀　**憧れ** 동경

A 언제 도쿄에 오실 일이 있으면 꼭 들러 주세요.

B 네, 꼭 그렇게 하겠습니다. 제가 연락드리겠습니다.

A いつか東京にいらっしゃることがあったら、
ぜひ寄ってください。
よ

B はい、ぜひ。こちらからご連絡いたします。
れんらく

겉치레로 하는 말은 일종의 에티켓으로, 가식적이라 생각할 수 있지만 알아 두면 인간관계를 유지하는 데 도움을 줍니다. 따라서 상대의 말의 진위 여부를 따지기보다는 정형화된 표현으로 답을 주고 받으면 됩니다.
「いつか」와 「ぜひ」를 활용해 정형화된 겉치레 말을 만들 수 있습니다. 한국어로는 '언제 한번 식사라도 하시죠'의 '언제 한번' 정도의 의미를 가집니다. 그에 대한 답으로는 웃는 얼굴로 고개를 위아래로 끄덕이며 「はい、ぜひ」라고 말하면 됩니다.

🗨 다음에 식사 한번 하시죠.

今度ご飯に行きましょう。
こん　ど

      ● 「今度~しましょう(다음번에 ~하시죠)」의 형태로 흔히 쓰입니다.
      「ご飯に」 대신 「ご飯にでも(식사라도)」를 넣어 말할 수도 있습니다.

🗨 일정을 확인해 보겠습니다.

予定を確認しますね。
　　　かくにん

🗨 연락 기다리고 있겠습니다.

ご連絡お待ちしております。
　れんらく

      ● '기다리겠습니다'는 「~ている」의 형태를 써서 「待っています」로 씁니다.
      「~ております」를 붙이면 겸양 표현이 됩니다.

🗨 언제 한번 일본에 놀러 오세요.

いつかぜひ日本に遊びにきてください。

🗨 좋습니다. 기대하고 있겠습니다.

うれしいです。楽しみにしております。

 **確認する** 확인하다

Ⓐ 오늘은 여러모로 감사했습니다.

Ⓑ 조만간 또 뵙겠습니다.

Ⓐ 今日はいろいろとありがとうございました。

Ⓑ また近いうちにお会いしましょう。

「近いうちに」는 '조만간'이라는 뜻입니다. 「近いうちに〜ましょう(조만간
〜합시다)」를 활용하면 원만하게 대화를 마무리하고 다음을 기약할 수 있습니
다. 상대방이 이렇게 말했을 때는 반드시 지켜야 할 약속이 아니라 인사로 건
네는 말이라고 생각해도 좋습니다. 이에 대한 답변으로는 「じゃあ、近いう
ちに(그럼, 조만간 또 뵈어요)」를 쓸 수 있습니다.

● 조만간 골프라도 치러 가시죠.

近日中にゴルフでも行きましょう。
きんじつちゅう

> ● 「近日中に」는 「近いうちに(조만간)」의 정중한 표현입니다.
> 다른 표현으로 「近々(ちかぢか, きんきん)」도 있습니다.
> 「近日中に＋명사＋でも行きましょう」는 유용하게 활용할 수 있는 문형입니다.

● 또 뵙기를 기대하고 있겠습니다.

またお会いすることを楽しみにしております。

> ● 「楽しみにしております」 앞에 명사 혹은 「～すること(～하는 것)」를 넣어서
> 구체적으로 표현할 수 있습니다.

● 언제든 들러 주세요.

いつでもお立ち寄りください。
た　　よ

> ● 「立ち寄る」는 목적지로 가는 도중에 들르는 것을 의미합니다.

● 또 와 주세요.

またおいでください。

> ● 같은 상황에서 「またお越(こ)しください」라고 말할 수도 있습니다.

● 꼭 함께하고 싶습니다.

ぜひご一緒させてください。

> ● 조만간 식사나 골프를 하자는 상대의 제안에 답할 때 유용하게 쓸 수 있는 표현입니다.

단어　　立ち寄る (지나는 길에) 들르다

43

PART
03

완곡어법

○ **부탁 · 제안하기**
번거롭게 해 드려 죄송하지만
바쁘실 줄로 아오나

○ **거절하기**
말씀은 감사하지만
일부러 마음 써 주셨는데

○ **반론하기**
무슨 말씀인지는 알겠습니다만

A お手数をおかけしますが、
　　<small>て すう</small>

もう一度ご確認お願いできますでしょうか。
　　　　<small>かくにん</small>

B **かしこまりました。**

「手数をかける」는 '수고를 끼치다'라는 의미로, 내가 상대방에게 수고를 끼치는 것이므로 공손하게 「お手数をおかけする」로 표현하는 것이 좋습니다. 「かしこまりました」는 「分かりました」의 겸양어로, '분부대로 하겠습니다'라는 뜻입니다. 고객이나 상사의 명령 등을 받아들이겠다는 의미로, 동료나 후배 등에게는 쓰지 않으니 주의합시다.

🔵 죄송하오나

恐れ入りますが
<small>おそ　　い</small>

● 가벼운 사과 표현이므로 깊이 사죄해야 할 때는 쓰지 않습니다.

🔵 바쁘신 중에 송구하오나

お忙しいところ恐縮ですが
<small>きょうしゅく</small>

🔵 저희 쪽 사정으로 죄송합니다만

勝手を申しまして恐縮ですが
<small>かって　　もう　　　　きょうしゅく</small>

● 여기서 「勝手」는 '자신에게만 편리한 상황, 유리한 상황' 등을 말합니다.
「勝手に」에는 '제멋대로' 말고도 '알아서, 자연스럽게, 혼자서, 함부로, 누군가가' 등 여러 의미가 있습니다.

🔵 폐가 안 된다면

ご迷惑でなければ
<small>めいわく</small>

● 「ご迷惑」는 「お手数」 보다 상대에게 끼치는 피해의 강도가 높을 때 사용합니다.

🔵 폐가 되는 건 알지만

ご迷惑とは存じますが
<small>めいわく　　　ぞん</small>

 단어 **迷惑** 성가심, 폐　**存じる** '알다, 생각하다'의 겸양어

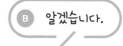

B 알겠습니다.

A 바쁘실 줄로 아오나 한 번 더 견적서를 검토해 주실 수 없을까요?

A ご多忙中とは存じますが、もう一度見積書を検討して
たぼうちゅう　　　ぞん　　　　　　　　　　　　　　　み つもりしょ　けんとう
いただけませんか。

B 承知しました。
しょう ち

「～とは存じますが」는 '～줄로 아오나' 라는 뜻입니다. 「もう一度～ていた
ぞん
だけませんか」와 같이 부정문으로 물어보는 것이 상대가 거절할 수 있는 여지
가 늘어나 긍정문보다 더 정중하게 들립니다. 「承知しました」는 「分かりま
しょう ち
した」의 겸양어로, '알겠습니다'라는 뜻입니다. 「かしこまりました」는 분부
대로 따르겠다는 의미라면, 「承知しました」는 상황에 대해 이해했으며 지시
しょう ち
를 따르겠다는 의미가 있습니다. 고객이나 상사의 지시, 의뢰를 수락할 때 쓸
수 있습니다.

● 괜찮으시다면, 지장이 없으시다면

差し支えなければ
さ　　つか

- 불편하면 거절해도 된다는 여지를 주는 완곡한 표현으로, 내가 요청할 때, 특히 정보 같은 것을 요구할 때 쓰는 경우가 많습니다.

● 만약 괜찮으시다면

もしよろしければ

- 상대에게 뭔가를 물어보거나 상대에게 필요한지 아닌지 불확실한 상황에서 사용합니다. 이는 상대에게 거절할 여지를 주는 표현이므로 상대가 배려심을 느낄 수 있습니다.

● 상황이 괜찮으시면

ご都合がよろしければ
つ　ごう

- 「ご都合」는 '다른 일과의 관계, 사정'이라는 뜻으로, 흔히 「ご都合がいい・悪い」의 형태로 쓰입니다.

● 기우시 님의 상황이 괜찮으실 때

木内様のご都合のよろしいときに
き うちさま　　　　　つ ごう

- 사람에게 '상황, 사정'이라는 표현을 쓸 때는 「状況(じょうきょう)」, 「事情(じじょう)」가 아닌 「都合」를 주로 씁니다.

● 시간 되실 때 해 주셔도 괜찮으니

お手すきの時で結構ですので
けっこう

- 상대방이 꼭 해야 하는 의무가 없는 것을 요구할 때 씁니다. 「手があく(할 일이 없어 손이 비다)」와의 차이점도 알아 두세요.

 단어　　**差し支える** 지장이 있다　**手すき** 시간이 남, 손이 남

거절하기 ①

B 연락 기다리고 있겠습니다.

A 말씀은 감사하지만,
한번 상사에게 상의하고 연락드리겠습니다.

Ⓐ ありがたいお話ですが、**一度上司と相談してからご連絡**
じょう し　　そうだん　　　　　れんらく
差し上げます。
さ　あ

Ⓑ **ご連絡お待ちしております。**
れんらく

고객이나 상사의 의뢰 또는 초대 등을 거절할 때 상대의 기분이 상하거나 이후
관계가 어색해지지 않을까 걱정될 수 있습니다. 그럴 때는 거절하는 아쉬움을
전하고 상대방의 마음을 헤아리며 감사함을 전달하는 의미의 완곡 표현을 넣
어 말하면 좋습니다.
「ありがたいお話ですが」는 '감사한 말씀이지만'이라는 뜻으로, 완곡 표현에
해당됩니다. 앞에 「大変(매우)」을 붙여 말할 수도 있습니다.
たいへん

● 일부러 제안해 주셨는데

せっかくですが

● 「せっかくですが」만으로도 '일부러 ~해 주셨는데'라는 의미를 나타냅니다.

● 공교롭게도

あいにくですが

● 더욱 정중하게 표현하려면 「あいにくではありますが」,
「あいにくではございますが」로 바꿔 말하면 됩니다.

● 아쉽지만

残念ですが
ざんねん

● 공손하게는 「残念ではございますが」로 쓸 수 있으며 이때 앞에
「誠に(대단히)」를 붙여 쓰는 경우도 많으니 함께 알아 두세요.

● 마음은 감사하지만

お気持ちはありがたいのですが

● 「ありがたいのですが」만 써서 같은 의미를 나타낼 수도 있습니다.
이 때는 앞에 「大変(매우, 대단히)」을 붙이는 경우가 많습니다.

● 대단히 죄송합니다만

誠に申し訳ございませんが
まこと　もう　わけ

相談 상담, 상의　**差し上げる** ~해 드리다　**せっかく** 모처럼, 일부러, 애써
あいにく 공교롭게, 마침　**誠に** 대단히, 매우

> A 일부러 마음 써 주셨는데 **받을 수가 없습니다.**
> 죄송합니다.

> B 아닙니다.
> 마음 쓰지 마세요.

A せっかくのご厚意ですが、**受け取ることができません。**
こうい　　　　　　　　　　　　　　　　　　　う　と
申し訳ございません。
もう　　わけ

B いえいえ、お気になさらないでください。

「せっかく(모처럼)」 뒤에 「ご厚意(후의, 남에게 인정을 베푸는 마음)」를 붙
こうい
여 써 '일부러 마음 써 주셨는데 죄송합니다'의 의미로 사용합니다.
상대방이 거절할 경우 「気にしない(신경 안 쓰다)」를 활용해 「お気になさら
ないでください」라고 답하면 됩니다. 「いえいえ」를 앞에 붙여 말하면 구어
체 느낌이 납니다.

● 대단히 말씀드리기 어렵지만

誠に申し上げにくいのですが
まこと　もう　あ

> ●「誠に」는 '대단히'라는 뜻으로「大変(매우, 대단히)」과 바꿔 쓸 수 있습니다.

● 일부러 제안해 주셨습니다만

せっかくお声がけいただきましたが
こえ

> ●「声をかける」는 '말을 걸다, 제안하다, 초대하다'라는 의미를 가집니다.

● 과분한 말씀입니다만

身に余るお話ではありますが
み　あま

● 매우 마음 아프지만

大変心苦しいのですが
たいへんこころぐる

● 기대에 미치지 못 해 죄송합니다만

ご期待に添えず、申し訳ありませんが
き たい　そ　　もう　わけ

> ●「期待に添える」는 '기대에 부응하다'라는 의미로, 부정형「～ず」로 격식 높여 표현할 수 있습니다.
> 또한「添えずに」와 같이 쓸 수도 있습니다.

 단어　受け取る 받다　身に余る 분에 넘치다, 과분하다　期待 기대　添える 거들다, 더하다

53

A 무슨 말씀인지는 알겠습니다만, 이것으로는 납득이….

B 어떻게 좀 안 되겠습니까.

A おっしゃることは分かりますが、これでは納得が…。
_{なっとく}

B そこを何とかできないでしょうか…。
_{なん}

비즈니스 상황에서는 상대방의 의견에 반론을 제기해야 할 경우도 있습니다. 그 상대가 거래처나 상사이여서 상대방의 기분이 상하지 않을까 걱정될 때 완곡한 표현을 사용하면 상대방도 어느 정도 마음의 준비를 하고 들을 수 있게 됩니다.

「おっしゃることは分かりますが」는 '무슨 말씀인지는 알겠습니다만'이라는 뜻입니다. 「そこを何とかできないでしょうか」는 융통성 있게 상대의 수락이나 해결을 요청할 때 널리 쓰이는 표현입니다.

● 말대답 같이 들릴 수 있겠습니다만

お言葉を返すようですが
ことば　　　かえ

　　● 반론할 때 흔히 쓰는 완곡 표현으로, '외람되오나' 정도의 의미를 가집니다.

● 말대답 같아서 죄송하지만

お言葉を返すようで申し訳ございませんが
ことば　　　かえ　　　　　　もう　　わけ

　　● 더 공손하게 「お言葉を返すようで恐縮(きょうしゅく)ですが」라고 말할 수도 있습니다.

● 주제넘은 말씀일 수 있겠습니다만

差し出がましいようですが
さ　　で

● 실례일 줄은 압니다만

失礼かとは存じますが
しつれい　　　　ぞん

● 외람되오나

僭越ですが
せんえつ

● 한자는 어렵지만 반드시 듣게 되는 말로, 반론할 때뿐만 아니라 맡겨진 임무에 대해 겸손함을 나타내는 말로도
　쓸 수 있습니다. 예를 들면 '외람되오나 회사를 대표해 한 말씀 드리겠습니다'와 같이 인사말에서도 쓰입니다.

단어　　**納得** 납득, 이해　**言葉を返す** 대답하다, 말대꾸하다　**差し出がましい** 주제넘다
　　　　僭越 분수에 지나치다, 외람되다

PART
04

감사와 사과

○ 감사 인사

덕분에 성황리에 마쳤습니다

항상 감사하고 있습니다

과장님이 계셔서 든든합니다

항상 마음 써 주셔서 감사합니다

○ 사과 인사

죄송합니다

민폐 끼신 점에 대해 시죄의 말씀을 드립니다

저희 쪽 불찰로 피해를 끼쳤습니다

> **A** 기타노 님 덕분에 성황리에 마쳤습니다.

> **B** 아닙니다. 저야말로 초대해 주셔서 감사했습니다.

A **北野様の**おかげで盛会となりました。
きた の さま　　　　　　　　せいかい

B いえいえ、こちらこそお招きいただきありがとう
　　　　　　　　　　　　　　まね
ございました。

「사람+おかげで」는 '○○덕분에', 「盛会となる」는 '성황리에 개최되다, 성
황리에 마치다'라는 의미입니다.

「동사+いただきありがとうございます」는 자주 쓰이는 감사 표현으로, '~
해 주셔서 감사합니다'라는 뜻입니다. 「お + 동사의 ます형+いただきありが
とうございます」 혹은 「ご+한자어+いただきありがとうございます」의
형태로 씁니다. 한자어의 경우, 「ご+한자어+ありがとうございます」의 형
태로도 쓸 수 있습니다.

💬 바쁘신 중에 답변해 주셔서 감사합니다.

お忙しい中ご返信いただきありがとうございます。
なか　　へんしん

● 「ご返信」을 「ご連絡(연락)」, 「ご説明(설명)」, 「ご調整(조정)」 등 여러 단어로 바꿔 쓸 수 있습니다.

💬 지난번에는 신속하게 대응해 주셔서 감사했습니다.

先日は迅速に対応していただきありがとうございました。
せんじつ　　じんそく　　たいおう

● 윗사람에게 말할 때 유용한 표현입니다.
「対応していただき」는 「ご対応いただき」, 「ご対応」, 「ご協力(협력)」로 바꿔 쓸 수 있습니다.

💬 상세한 설명 감사합니다.

ご丁寧な説明をいただきありがとうございます。
ていねい　　せつめい

● 「丁寧」는 '정중하다, 친절하다'라는 의미 외에도 '섬세하다, 상세하다'라는 뜻으로도 쓰입니다.

💬 덕분에 계약을 체결할 수 있었습니다.

おかげさまで契約を締結することができました。
けいやく　　ていけつ

💬 알려 주셔서 감사합니다.

ご教示いただきありがとうございます。
きょうじ

● 「ご教示」는 '알려 주시다'라는 의미로, 비즈니스 상황에서 「教える」의 의미로 흔히 쓰는 표현입니다.

 返信 회신, 답변　**迅速に** 신속하게　**契約** 계약　**締結する** 체결하다
教示 가르침, 길잡이

023

감사 인사 ②

> **B** 요시다 님의 노고 덕분입니다.
> 항상 감사하고 있습니다.

> **A** 이번 프로젝트를 어찌어찌 무사히 마쳤네요.

A 今回のプロジェクト、何とか無事に終えることが
できましたね。

B 吉田様のご尽力の賜物です。 いつも感謝しております。

「何とか」는 '어찌어찌, 어떻게든' 이라는 뜻입니다. 「尽力」는 '노고'이고, 「賜物」는 「おかげ(덕분)」의 매우 격식 갖춘 말로, 「ご尽力の賜物」의 형태로 쓰입니다. 「感謝しております(감사하고 있습니다)」는 「する」 대신 「いたす」를 넣어서 「感謝いたしております」라고도 말할 수 있습니다. 현재 진행형으로 쓰는 이유는 과거부터 현재까지 계속 감사하는 마음이 있다는 것을 강조하기 위함으로, 「感謝いたします」와 같이 현재형으로 써도 됩니다.

🗨 여러분들께 깊이 감사드립니다.

皆様方に厚くお礼申し上げます。
みなさまがた　　あつ　　　もう　あ

- ●「お礼申し上げます」는「ありがとうございます」를 격식 갖춰 표현한 것입니다.
「厚い(두껍다)」는 인사말에 쓰일 때는「厚く」의 형태로 '깊이, 진심으로'라는 뜻으로 쓰입니다.

🗨 덕분에 별 탈 없이 넘어갔습니다.

おかげさまで事なきを得ました。
こと　　　　　え

🗨 도움 주셔서 감사합니다.

お力添えいただき、ありがとうございます。
ちから ぞ

- ●「お力添え(조력, 도움)」대신「ご協力(협력)」,「ご支援(지원)」등으로 바꿔 쓸 수 있습니다.

🗨 귀한 의견 들려 주셔서 거듭 감사드립니다.

貴重なご意見をいただき、重ねて感謝申し上げます。
き ちょう　　　　　　　　　　かさ　　　かんしゃもう　あ

🗨 지난번 세미나 때는 많은 도움이 되었습니다.

前のセミナーの時はとても助かりました。
まえ　　　　　　とき　　　　　たす

- ● 윗사람에게 쓰면 다소 실례될 수 있으므로 동등한 관계나 아랫사람에게 쓰는 것이 좋습니다.

無事に 무사히　**終える** 마치다　**尽力** 힘씀, 노고　**賜物** 덕택
事なきを得る 일이 무사히 끝나다　**貴重だ** 귀중하다　**重ねて** 거듭, 다시 한 번

024

감사 인사 ③

> **B** 아유, 별말씀을요.

> **A** 구라키 과장님이 계셔서 든든합니다.

A 倉木課長がいてくださると心強いです。
　　くら き か ちょう　　　　　　　　こころづよ

B いやいや、とんでもないです。

「心強い」는 '든든하다'라는 뜻으로, 윗사람, 아랫사람 구분 없이 쓸 수 있어 칭
こころづよ
찬 표현으로 흔히 쓰입니다. 비슷한 의미인 「頼もしい(믿음직스럽다)」는 주
たの
로 아랫사람에게 씁니다.

「とんでもないです」는 감사 인사를 받았을 때 겸손하게 답하는 표현으로, 주
로 동등한 관계나 아랫사람에게 쓰는 경우가 많습니다. 다만 칭찬 받을 정도로
대단한 일은 아니라는 의미가 담겨 있어 큰 일도 작은 일로 치부하는 느낌을 줄
수 있으니 상황에 따라 주의해서 쓰도록 합시다.

🔵 항상 든든한 지원을 해 주셔서 감사합니다.

いつも心強いサポートをしていただき、ありがとう
<small>こころづよ</small>
ございます。

🔵 저희야말로 항상 무리한 요구에도 대응해 주셔서 감사합니다.

こちらこそ、いつも無理なお願いにもご対応いただき、
<small>たいおう</small>
ありがとうございます。

> ● 같은 상황에서 「無理なお願い」는 「無理な要望(ようぼう)」로 바꿔 쓸 수 있습니다.

🔵 누군가가 해야 할 일인걸요.

誰かがやらなければいけませんから。
<small>だれ</small>

> ● '누군가가'를 표현할 때는 「誰かは」가 아니라 「誰かが」라고 쓰는 것에 주의합시다.

🔵 그렇게 말씀해 주시니 기쁩니다.

そう言っていただけてうれしいです。

> ● '말씀해 주시니'는 「言っていただけて」와 같이 가능형으로 쓰는 것에 주의합시다.

🔵 도움이 되어서 다행입니다.

お役に立てて何よりです。
<small>なに</small>

> ● 조금 더 정중하게 말하려면 「お役に立てて幸いです」라고 표현합니다.
> 여기서 「幸いです」는 '다행입니다'라는 뜻입니다.

 サポート 지지, 지원 **要望** 요망, 요청 **何よりだ** 무엇보다도 (좋은), 다행이다

Ⓐ 소소한 겁니다만….

Ⓑ 항상 마음 써 주셔서 감사합니다.

Ⓐ 心ばかりですが…。

Ⓑ いつもお気遣いいただき、ありがとうございます。
　　　　き づか

「心ばかり」는 '마음뿐, 작은 성의'라는 뜻으로, 상대에게 선물을 건넬 때 「つ
まらないものですが(변변찮습니다만)」만큼 흔히 쓰는 표현입니다.
「いつもお気遣いいただき、ありがとうございます」는 상대방이 나를 신
　　　　　き づか
경 써 주거나 배려해 주었을 때, 상대에게 선물을 받았을 때 등에 유용하게 쓸
수 있는 표현입니다.

💬 마음 써 주시다니 송구합니다.

ご配慮いただき恐縮です。
はいりょ　　　　　　　　きょうしゅく

💬 지난번에 주신 것말인데요, 가족들과 아껴 쓰고 있습니다.

先日いただいたものですが、家族でとても重宝して
せんじつ　　　　　　　　　　　　　　　　　　　　　ちょうほう
います。

💬 아닙니다. 별것 아니지만 좋아해 주셔서 다행입니다.

いえいえ、大したものではないのですが、
たい
喜んでいただけてよかったです。

💬 요시무라 님께는 감사한 마음뿐입니다.

吉村様には、感謝しかありません。
よしむらさま　　　　かんしゃ

● 「感謝しかない」는 감사한 마음뿐이라는 뉘앙스를 가집니다.

💬 무엇보다 마음 써 주셔서 기쁩니다.

何よりお心遣いがうれしいです。
こころづか

気遣い 마음을 씀, 염려함 **配慮** 배려, 심려 **重宝する** 편리하다, 소중히 여기다
大した 대단한, 특별한 **心遣い** 마음을 씀, 배려

사과 인사 ①

> **B** 죄송합니다.
> 앞으로 주의하겠습니다.

> **A** 앞으로 문제가 생기면
> 바로 연락해 주시겠습니까?

A 今後問題が起きたら、すぐにご連絡いただけますか。
　　こんご　　　　　　　　　　　　　れんらく

B 申し訳ありません。以後、気を付けます。
　　もう　わけ　　　　　　いご

여기서는 상대방의 연락이므로「ご」를 붙여「ご連絡」로 공손하게 표현합니
れんらく
다.「ご連絡いただけますか」는「ご連絡いただく(상대에게 연락을 받다)」
れんらく　　　　　　　　　　　れんらく
의 가능형인「ご連絡いただける」가 변형된 형태입니다.
れんらく
비즈니스 상황에서 가장 널리 쓰이는 사과 표현은「申し訳ありません」입니
もう　わけ
다.

● 실례했습니다.

失礼いたしました。
しつれい

● 상대방의 이름을 잘못 부르는 등 에티켓과 관련해서 사과할 때 많이 쓰입니다.
앞에 「**大変**(매우)」을 붙여 말할 수도 있습니다.

● 제가 잘못 알고 있었습니다.

私の確認不足でした。
かくにん ぶ そく

● 자신의 착각이나 오인으로 인한 실수에 쓸 수 있는 표현입니다.

● 대단히 죄송했습니다.

大変申し訳ございませんでした。
たいへんもう　　わけ

● 「**申し訳ありません**」 보다 더 정중한 사과 표현입니다.
일어난 일에 대해 시간을 두고 말할 때는 과거형으로 말할 수 있습니다.

● 변명의 여지도 없습니다.

弁明の余地もありません。
べんめい　　よ ち

● 「**ありません**」을 「**ございません**」으로 바꿔 쓰면 더 정중한 표현이 됩니다.

● 뭐라 드릴 말씀이 없습니다.

お詫びの言葉もございません。
わ

今後 앞으로　**以後** 이후, 차후　**弁明** 변명　**余地** 여지, 여유　**詫び** 사죄, 사과

> Ⓐ 어찌어찌 저희 쪽에서 고객님께 양해를 구했습니다.

> Ⓑ 민폐 끼친 점에 대해 사죄의 말씀을 드립니다.

Ⓐ **何とかこちらでお客様に納得していただきました。**
なん　　　　　　　きゃくさま　　なっとく

Ⓑ **ご迷惑をおかけいたしましたこと、お詫び申し上げます。**
めいわく　　　　　　　　　　　　　　わ　もう　あ

「ご迷惑をおかけいたしました」는 우리 회사의 사정으로 인해 상대방에게
피해를 입힌 큰 잘못부터 약간의 수고를 끼치는 작은 잘못까지 널리 쓸 수 있는
표현입니다.
「お詫び申し上げます」는 「申し訳ありません(죄송합니다)」보다 더욱 정중
한 말로, '사과드립니다, 사죄의 말씀을 드립니다'라는 의미를 가집니다.

🟢 진심으로 사과의 말씀을 드립니다.

心よりお詫び申し上げます。
こころ　　　わ　もう　あ

> ●「心より(진심으로)」 대신 「深く(깊이)」로 바꿔 쓸 수도 있습니다.

🟢 불편을 끼친 점 깊이 사과드립니다.

ご不便をおかけしたことを、深くお詫び申し上げます。
ふべん　　　　　　　　　　　　ふか　わ　もう　あ

> ●「ご不便(불편)」은 공사로 인해 도로를 폐쇄하는 등 상대에게 실질적인 손해를 끼치는 경우,
> 「ご迷惑」는 상대방이 불쾌함을 느끼는 경우라는 차이가 있습니다.

🟢 뵐 낯이 없습니다.

合わせる顔もありません。

🟢 부주의한 발언을 했습니다.

不用意な発言をしました。
ふ　よう　い　　はつげん

> ●「不用意」는 주의력이 부족해 산만한 경우, 준비되지 않은 발언 등에 쓰는 표현입니다.

🟢 이번 건으로 민폐 끼쳤습니다.

この度はご迷惑をおかけいたしました。
たび　　めいわく

> ●「この度は」는 「今度は(이번에는)」, 「今回は(이번에는)」를 격식 있게 표현한 것으로,
> 직역하면 어색한 경우도 있는데 그 경우는 격식을 갖춰 말하기 위해 관용적으로 쓰는 말로 생각하면 됩니다.

 納得する 납득하다, 이해하다　**不用意だ** 조심성이 없다, 부주의하다　**発言** 발언

Ⓐ 오늘까지 샘플을 보내 주신다는 말씀으로 알고 있었는데요….

Ⓑ 저희 쪽 불찰로 피해를 끼쳤습니다.

Ⓐ 本日までにサンプルをいただけるというお話だった
ほんじつ
はずですが…。

Ⓑ こちらの不手際でご迷惑をおかけいたしました。
ふ て ぎわ　　　　めいわく

「～というお話だったはずですが」는 상호간의 약속을 확인할 때 유용한 문형으로, 여기서「はず」는 일이 당연히 그래야 함, 그럴 예정임을 나타냅니다.「不手際」
ふ て ぎわ
는 사물을 처리하는 솜씨가 부족하다는 의미입니다. 비즈니스 상황에서는「～の不手際でご迷惑をおかけしました」또는「～の不手際によ
ふ て ぎわ　　めいわく　　　　　　　　　　　　　　　　　　　　　　　　　　　ふ て ぎわ
りご迷惑をおかけしました」의 형태를 자주 씁니다. 이 표현과 함께「申し
めいわく　　　　　　　　　　　　　　　　　　　　　　　　　　　　　　　　　　　もう
訳ありません」등의 사과 표현을 같이 말하면 좋습니다.
わけ

🔵 금번 발송 보고가 늦어져서 죄송합니다.

この度は、発送の報告が遅れてしまい、
<ruby>度<rt>たび</rt></ruby> <ruby>発送<rt>はっそう</rt></ruby> <ruby>報告<rt>ほうこく</rt></ruby>

申し訳ございません。
<ruby>申<rt>もう</rt></ruby> <ruby>訳<rt>わけ</rt></ruby>

🔵 제 착각으로 피해를 드렸습니다.

勝手な思い込みでご迷惑をおかけしました。
<ruby>勝手<rt>かって</rt></ruby> <ruby>思<rt>おも</rt></ruby> <ruby>込<rt>こ</rt></ruby> <ruby>迷惑<rt>めいわく</rt></ruby>

• 「思い込み」는 자기가 생각한 대로 믿어 버리는 것을 말하며 '착각'과 비슷한 표현입니다.

🔵 오해의 소지가 되는 설명을 드려 죄송합니다.

誤解を招く説明で申し訳ありません。
<ruby>誤解<rt>ごかい</rt></ruby> <ruby>招<rt>まね</rt></ruby> <ruby>説明<rt>せつめい</rt></ruby> <ruby>申<rt>もう</rt></ruby> <ruby>訳<rt>わけ</rt></ruby>

• 「誤解を招く」는 '오해를 불러일으키다, 오해를 초래하다'라는 뜻입니다.

🔵 향후 철저한 대책을 마련하여 재발 방지에 힘쓰겠습니다.

今後は対策を徹底し、再発防止に取り組んでまいります。
<ruby>今後<rt>こんご</rt></ruby> <ruby>対策<rt>たいさく</rt></ruby> <ruby>徹底<rt>てってい</rt></ruby> <ruby>再発防止<rt>さいはつぼうし</rt></ruby> <ruby>取<rt>と</rt></ruby> <ruby>組<rt>く</rt></ruby>

🔵 앞으로 이런 일이 없도록 조심하겠습니다. 죄송합니다.

以後、このようなことがないよう気を付けます。
<ruby>以後<rt>いご</rt></ruby>

申し訳ございません。
<ruby>申<rt>もう</rt></ruby> <ruby>訳<rt>わけ</rt></ruby>

• 더 공손하게 「このようなことが再(ふたた)び起らぬよう気を付けます
(이런 일이 두 번 다시 일어나지 않도록 조심하겠습니다)」라고 말할 수도 있습니다.

 単語 **発送** 발송 **徹底する** 철저히 하다 **再発** 재발 **防止** 방지 **取り組む** 몰두하다, 힘쓰다

PART
05

소통 목적별 표현

부탁 · 요청하기

확인 부탁드립니다

진행 상황을 알려 주시면 대단히 감사하겠습니다

검토를 부탁드릴 수 있을까요?

답변하기

바로 확인하겠습니다

확인되는 대로 다시 연락드리겠습니다

보고 · 연락 · 상의하기

긴히 상의드릴 게 있는데요

A 메일로 회의 자료를 송부하오니 확인 부탁드립니다.

B 바쁘신 중에 감사합니다.

A **メールで会議資料をお送りいたしますので、ご査収ください。**
　　　　　　　　　　　　　　　　　　しりょう
　ご査収ください。
　　さしゅう

B **お忙しい中、ありがとうございます。**

「ご+한자어+ください」, 「お + 순수 일본어 또는 동사의 ます형+ください」
는 경어 표현의 기본 형식 중 하나입니다. 「～ください」 뒤에는 「～ますよう
お願いいたします(~해 주시기를 부탁드립니다)」를 붙여 더욱 정중하게 표
현할 수 있습니다. 「ご査収」는 파일 등을 보낼 때 잘 살펴보고 확인해 달라는
의미로 흔히 쓰입니다.

💬 필요한 내용을 정리하였으니 훑어봐 주세요.

必要事項をまとめましたのでお目通しください。
じこう　　　　　　　　　　　　　　　めどお

    ● 「お目通しください」를 「ご一読(いちどく)ください」로 바꿔 쓸 수 있습니다.

💬 또 무슨 일 있으시면 언제든 편하게 연락해 주세요.

また何かございましたら、いつでもお気軽に
なに　　　　　　　　　　　　　　　　　　　きがる

ご連絡ください。
れんらく

💬 확인 부탁드립니다.

ご確認のほど、よろしくお願いいたします。
かくにん

  ● 「ご＋한자어＋のほど」를 활용하면 정중하게 부탁하는 느낌을 줄 수 있습니다. 여기서 「ほど」는 특별한 의미 없이 형식을 위해 관용적으로 쓰였습니다. 「**協力**(협력)」, 「**指導**(지도)」 등으로 바꿔 쓸 수 있습니다.

💬 번거롭게 해서 죄송하오나 확인하시고 연락 주세요.

お手数をおかけしますが、ご確認のうえ、
てすう　　　　　　　　　　　かくにん

ご一報ください。
いっぽう

💬 뭔가 문제가 있다면 알려 주세요.

お気づきになった点などをご教示ください。
きょうじ

    ● 「ご教示ください」 뒤에 「〜ますようお願いいたします(〜하도록 부탁드립니다)」를 덧붙여
더 공손히 말할 수 있습니다.

 事項 사항　**目通し** 훑어봄　**気軽に** 부담없이, 선뜻　**手数** 수고, 귀찮음
一報 간단히 알림　**教示** 가르침

부탁·요청하기 ②

> B 알겠습니다.

> A 진행 상황을 알려 주시면 대단히 감사하겠습니다.

A 進捗状況をお知らせいただけますと幸いです。
　しんちょくじょうきょう　　　　　　　　　　　　　　　　さいわ

B 了解いたしました。
　りょうかい

「〜幸いです」는 '〜해 주시면 감사하겠습니다'라는 의미로, 「동사의 ます형+
　さいわ
と+幸いです」 또는 「동사의 가정형+幸いです」의 형태로 쓰면 됩니다. 「幸
　　さいわ　　　　　　　　　　　　　　　　　　　　　　　　　　　　　　さいわ
いです」대신 「助かります」 또는 「うれしいです」를 사용하여 비슷한 의미
　　　　　　　たす
로 표현할 수 있는데, 이 경우 격식을 차리는 자리보다는 사내에서 동료나 후
배에게 사용하는 것이 좋습니다. 「了解しました」는 동료나 부하 직원에게 많
　　　　　　　　　　　　　　　　りょうかい
이 쓰는 표현으로, 기본적으로 외부 거래처나 윗사람에게는 「承知しました」
　　　　　　　　　　　　　　　　　　　　　　　　　　　　　　じょうち
를 쓴다는 것을 기억해 둡시다.

● 재검토해 주시면 감사하겠습니다.

再度検討していただければ幸いです。
さい ど けんとう　　　　　　　　　　　　さいわ

● 스케줄을 확인해 주시면 감사하겠습니다.

スケジュールをご確認いただければ幸いです。
かくにん　　　　　　　　　　さいわ

● 다나카 님의 의견을 들려 주시면 감사하겠습니다.

田中様のご意見をお聞かせいただけますと幸いです。
た なかさま　　　　　　　　　　　　　　　　　　さいわ

● 늦어도 전날까지 답변해 주시면 감사하겠습니다.

遅くとも前日までにご回答をいただけますと幸いです。
ぜんじつ　　　　　　かいとう　　　　　　　　　　さいわ

● 「遅くとも」는 '늦어도'라는 뜻이며, 그 반대는 「早くとも(빨라도)」라고 씁니다.

● 내용에 잘못된 부분이 없는지 확인해 주시면 감사하겠습니다.

内容に相違ないかご確認いただけますと助かります。
ないよう　　そう い　　　　　　かくにん　　　　　　たす

 進捗 진척　状況 상황　了解 양해, 이해　再度 재차　検討する 검토하다
回答 회답, 답변　相違 다름, 틀림

> **B** 알겠습니다.

> **A** 이달 말까지 검토를 부탁드릴 수 있을까요?

A 今月末日までにご検討をお願いできますか？
　　まつじつ　　　　　　　けんとう

B 承知しました。
　　しょうち

부탁·요청을 할 때 더욱 정중하게 말하려면 '가능형+의문형'의 형태로 바꿔 말하는 것이 좋습니다. 「お願いします」는 「お願いできますか」로 바꾸고, 「送ってください」는 「～ていただく」를 활용하여 「送っていただけますか」로 바꾸면 됩니다. 앞에서 배운 완곡한 표현도 넣어 말하면 더욱 정중하고 부드러운 부탁·요청 표현을 만들 수 있습니다. 「承知しました」는 「承知いたしました」라고도 말합니다. 정확히는 이중 경어이므로 틀렸다는 견해도 있으나 실제 비즈니스 현장에서 널리 쓰이므로 알아 두세요.

🗨 어제의 회의록을 보내 주실 수 있나요?

昨日の議事録を送っていただけますか？
さくじつ　　ぎじろく

🗨 보고서를 정리했는데, 검토를 부탁드려도 될까요?

報告書をまとめたのですが、ご検討いただけますか？
ほうこくしょ　　　　　　　　　　　　けんとう

🗨 청구서를 20일까지 보내 주실 수 있으실까요?

ご請求書を20日までに送っていただけますでしょうか。
せいきゅうしょ

● 「～いただけますでしょうか」와 같이 문말을 길게 표현할 수 있으며 길어질수록 더욱 정중하게 느껴집니다.

🗨 만약을 위해 다시 송부해 드리오니 확인을 부탁드릴 수 있을까요?

念のため再送いたしますので、ご確認をお願いできます
ねん　　　　さいそう　　　　　　　　　　かくにん
でしょうか。

● 「念のため」는 '만약을 위해'라는 말입니다.

🗨 이번 주 중으로 처리해 주실 수 있나요?

今週中にご対応をお願いできますか？
たいおう

 末日 말일　**請求書** 청구서　**再送** 다시 보냄　**対応** 대응, 대처

B 네, 바로 확인하겠습니다.

A 오늘 아침에 기획서를 보내 드렸는데,
확인해 주실 수 있으신가요?

A 今朝、企画書をお送りいたしましたが、
　(き かくしょ)
ご確認いただけますか？
　(かくにん)

B はい、早速確認いたします。
　(さっそくかくにん)

「ご確認いただけますか」는 '확인해 주실 수 있으신가요?'라는 뜻입니다.
(かくにん)
상대에게 확인 요청을 받은 경우, 빠르게 답하는 것이 원칙이므로 바로 「確認
(かくにん)
いたします」와 같은 표현을 활용해 답변을 보내면 좋습니다. 그 이후에 내용
을 다시 천천히 읽어 보거나 검토하고 답변을 작성해서 보내면 됩니다. 여기서
「早速」는 「すぐ(바로)」의 격식 차린 표현입니다.
(さっそく)

● 보내 주신 자료는 바로 확인했습니다.

ご送付いただきました資料、早速拝見しました。
そうふ　　　　　　　しりょう　さっそくはいけん

● 「拝見する」는 「見る(보다)」의 겸양어입니다.

● 연락 주신 건은 제대로 확인했습니다.

ご連絡の件、確かに承りました。
れんらく　けん　たし　　うけたまわ

● 의뢰해 주신 건은 잘 확인했습니다.

ご連絡の件、確かに確認いたしました。
れんらく　けん　たし　　かくにん

● 어떤 사항을 확인할 때 「確かに(확실히)」를 넣어 말하는 일이 많습니다.

● 귀사에서 보내 주신 청구서는 잘 받았습니다.

御社からの請求書、確かに受領いたしました。
おんしゃ　　　せいきゅうしょ　たし　　じゅりょう

● 자료나 문서를 받은 경우의 답변입니다. 「受領いたしました」를 「拝受(はいじゅ)しました」로 바꿔 쓸 수 있는데, 이는 「受け取る(받다)」의 겸양 표현입니다.

● 문의 주신 건은 오늘 중으로 답변을 드리겠습니다.

お問い合わせの件につきましては本日中にご返答いたします。
と　あ　　けん　　　　　　　　　ほんじつちゅう　　へんとう

企画書 기획서　**送付** 송부, (편지 등을) 보냄　**請求書** 청구서　**受領** 수령, 받아들임
返答 대답

033 답변하기 ②

B 확인되는 대로 다시 연락드리겠습니다.

A 이달 말 회의 말인데요, 언제쯤 찾아뵈면 될까요?

A 今月末の会議ですが、いつごろお伺いすればいいですか？
　　　　　　　　　　　　　　　　　　　うかが

B 確認でき次第、改めてご連絡申し上げます。
　かくにん　　　しだい　あらた　　　れんらくもう　　あ

「伺う」는 그 자체로 겸양어이지만 일본 사람들은 겸양 표현인 「お+동사의 ま
　うかが
す형+する」를 활용해「お伺いします」라고 말할 때가 많습니다.
　　　　　　　うかが
「～次第」는「確認でき次第」,「確認取れ次第(확인하는 대로)」와 같이 가능
　しだい　　　かくにん　しだい　かくにん　しだい
형 동사를 붙여 쓰거나「確認次第(확인하는 대로)」처럼 동작성을 가지는 한
　　　　　　　　かくにんしだい
자 뒤에 바로 붙여 쓰기도 합니다. 다만「確認し次第」,「確認され次第」의 형
　　　　　　　　　　　かくにん　しだい　かくにん　　しだい
태는 잘 쓰지 않으니 주의해 주세요.「改めて」는 '다시'라는 뜻으로,「もう一
　　　　　　　　　　　　　　あらた
度」의 격식 차린 표현입니다.

🔵 담당자가 돌아오는 대로 연락을 드리겠습니다.

担当者が戻り次第、ご連絡いたします。
たんとうしゃ　もど　　し だい　　　れんらく

● 「次第」는 동사의 ます형에 붙어 '~하는 대로, ~하는 즉시'의 의미를 나타냅니다.

🔵 상세한 내용을 알게 되는 대로 전달해 드리겠습니다.

詳細が分かり次第、お伝えいたします。
しょうさい　　　　　　　し だい

🔵 확인하고 추후 연락드리겠습니다.

確認して後ほどご連絡差し上げます。
かくにん　　　のち　　　　れんらくさ　　あ

● 「後ほど」는 '추후, 나중에'라는 뜻으로, 비즈니스 상황에서 자주 사용됩니다.

🔵 자료를 받는 대로 전달해 드리겠습니다.

資料を受け取り次第、展開いたします。
し りょう　　　　　　　し だい　　てんかい

🔵 상세한 내용은 곧 연락을 드리겠습니다.

詳細については、追ってご連絡いたします。
しょうさい　　　　　　　　お　　　れんらく

● 「追って」는 '추후, 곧, 머지 않아'라는 뜻입니다.
「追ってご連絡いたします」를 하나의 표현으로 외우면 좋습니다.

 伺う '듣다, 방문하다'의 겸양어　担当者 담당자　詳細 상세, 자세한 내용

B 무슨 일인가요?

A 긴히 상의드릴 게 있는데요.

A 折り入って相談があるのですが。
　　おり　い　　　　そうだん

B どうしましたか。

「折り入って」는 '긴히, 특별히'라는 뜻으로, 「話(이야기)」, 「相談(상담)」, 「頼み(부탁)」, 「願い(부탁)」 등과 같은 말과 관련된 표현과 함께 씁니다. 「どうしましたか」는 '무슨 일이세요?'라는 뜻인데, 병원에서 의사가 '어디가 아파서 오셨어요?'라고 물어볼 때도 이 표현을 쓴다는 것도 함께 알아 두면 좋습니다.

🔵 오하시 상사의 납기가 일주일 늦어진다고 합니다.

大橋商事の納期が1週間遅れるとのことです。
おおはししょうじ　のうき

● 「～とのことです」는 들은 내용을 전달할 때 유용한 표현입니다.

🔵 바쁘신데 송구하오나 잠시 시간을 내 주실 수 있으신가요?

お忙しい中恐縮ですが、少しお時間いただけない
きょうしゅく

でしょうか。

🔵 느닷없이 질문을 드려서 죄송한데요.

つかぬことをお伺いしますが。
うかが

● 「つかぬこと」는 '전혀 상관 없는 일, 느닷없는 일'이라는 의미로,
식사 중에 어제 회의 이야기를 묻는 등 급작스러운 화제 전환 시 유용합니다.

🔵 내일 미팅에 다카하시 씨가 동석하는 것은 어떨까요?

明日の打ち合わせに高橋さんが同席したらどうですか。
あす　　う　あ　　　　たかはし　　　　どうせき

● 「打ち合わせ」는 '미팅, 회의'라는 의미입니다.

🔵 지난주 건의 진행 상황을 확인해 봤는데 문제없이 진행되고 있었습니다.

先週の件ですが、進捗を確認したところ問題なく進んで
けん　　　　　しんちょく　かくにん

おります。

 단어　**同席** 동석함　**進捗** 진척, 원하는 대로 진행되어 감

85

PART
06

전화 응대

전화 걸고 받기

전화해 주셔서 감사합니다
시간 좀 내 주실 수 있나요?
다시 전화드릴까요?

전화 연결하기

담당자를 연결해 드리겠습니다

부재중

지금 자리에 안 계십니다
다시 전화드리라고 할까요?

약속 잡기

가까운 시일 내에 찾아뵙고 싶은데요
편하신 날을 알려 주시면 감사하겠습니다

약속 거절하기

일부러 전화해 주셨는데 현재는 예정이 없습니다
도움이 되지 못해 죄송합니다

약속 취소하기

대응이 어려운 상황이 되었습니다

약속 변경하기

일정을 변경해 주실 수 있으신가요?

035 전화 걸고 받기 ①

B 항상 신세 많이 지고 있습니다.

A 전화해 주셔서 감사합니다.
디지털 혁신과 마쓰모토입니다.

A お電話ありがとうございます。

デジタル革新課の松本でございます。
<small>かくしん か まつもと</small>

B いつもお世話になっております。
<small>せ わ</small>

전화를 받을 때는 「もしもし(여보세요)」라고 하지 않고 「お電話ありがとう
ございます」 또는 「はい、〇〇社でございます(네, 〇〇회사입니다)」라고
말한 다음 본인의 소속과 이름을 말합니다. 전화를 걸 때는 「いつもお世話に
なっております」를 말한 다음 자신의 소속과 이름을 밝힙니다. 앞선 인사 없
이 자기소개만 하는 것은 실례입니다. 바꿔 쓸 수 있는 표현은 「お忙しいとこ
ろ恐れ入ります(바쁘신 데 송구합니다)」입니다. 처음 전화를 걸 때 첫인사는
<small>おそ い</small>
「お世話になります(신세 지게 되었습니다)」라고 합니다.
<small>せ わ</small>

🗨 불쑥 연락드려서 죄송합니다.

突然のご連絡失礼いたします。
とつぜん　　　れんらくしつれい

● 기존의 거래처가 아닌 경우에 사용합니다.

🗨 시스템 관리부 와타나베 과장님, 자리에 계신가요?

システム管理部の渡辺課長、いらっしゃいますでしょうか。
かんりぶ　　　わたなべ か ちょう

● 상대의 연락처로 바로 전화를 건 경우에는 「で」를 넣어 「渡辺課長でいらっしゃいますでしょうか（와타나베 과장님 맞으신가요?)」라고 표현합니다.

🗨 저는 사나다 상사에서 영업을 담당하고 있는 야마시타라고 합니다.

私、真田商事にて営業を担当しております
わたくし　さなだしょうじ　　　えいぎょう　　　たんとう

山下と申します。
やました　　　もう

● 「～にて」는 「～で(~에서)」를 격식 있게 표현한 것입니다.

🗨 하세가와들 동해 소개를 받아 연락드리게 되었습니다.

長谷川よりご紹介いただきご連絡させていただきました。
はせがわ　　　　しょうかい　　　　れんらく

🗨 사나다 상사의 야마시타 님이시군요.

真田商事の山下様でいらっしゃいますね。
さなだしょうじ　　　やましたさま

● 상대방이 이름을 밝혔을 때 따라 말하며 「大変お世話になっております（대단히 신세 지고 있습니다)」라는 인사말을 덧붙이면 좋습니다.

革新 혁신　管理 관리　～にて (때, 장소, 상태) ～에

전화 걸고 받기 ②

A 지금 시간 좀 내 주실 수 있나요?

B 네, 괜찮습니다.

A ただいま、お時間いただいてもよろしいでしょうか。

B はい、大丈夫でございます。

「お時間いただいてもよろしいでしょうか」를 직역하면 '시간을 내 주셔도 괜찮으신가요?'입니다. 일본에서는 흔히 쓰이는 표현으로, 「～いただいても よろしいでしょうか」는 「～いただけますか」보다 더욱 정중한 표현입니다. 「～いただいても」를 빼고 「お時間よろしいでしょうか」라고 표현할 수 도 있습니다.

이에 대한 답은 가볍게 「はい、大丈夫でございます」라고 하면 됩니다. 또 는 「はい、どうぞ」、「はい、承ります」라고 답할 수 있습니다.

● 바쁘신 데 죄송합니다.

お忙しいところ失礼します。
　　　　　　しつれい

● 아침 일찍 죄송합니다.

朝早く恐れ入ります。
　おそ　　い

　　　　　　　● 업무를 시작하고 1시간 이내에 전화를 거는 경우에 인사말에 덧붙여 말합니다.

● 유지 보수 건으로 연락드렸습니다.

メンテナンスの件でご連絡させていただきました。
　　　　　　　　けん　　　れんらく

　　　　　　　● 「～させていただきました」를 활용해 정중한 표현을 만들 수 있습니다.
　　　　　　　　이는 「いたしました」로 바꿔 쓸 수도 있습니다.

● 지금 3분 정도 시간 괜찮으신가요?

ただいまお時間3分ほどよろしいでしょうか？

● 오래 기다리셨습니다. 마케팅부의 나카무라라고 합니다.

お待たせしました。マーケティング部の中村でございます。
　　　　　　　　　　　　　　　　　　なかむら

　　　　　　　● 「お待たせしました」는 「お待たせいたしました」로 써서 더욱 정중하게 표현할 수 있습니다.

メンテナンス 건물·기계 등의 관리·유지

> **B** 그럼 잘 부탁드리겠습니다.

> **A** 괜찮으시다면 다시 전화드릴까요?

A よろしければ、折り返しお電話いたしましょうか。
　　　　　　　　お　かえ　　　　でんわ

B それでは、よろしくお願いいたします。

여기서 「折り返し電話」는 상대가 자리를 비우는 등 전화를 받지 못한 경우 나
중에 다시 전화를 거는 것을 의미합니다. 「折り返しお電話いたします(다시
전화드리겠습니다)」의 형태로 외워 두면 좋습니다. 앞에 「こちらから(이쪽에
서, 저희 쪽에서)」를 붙여도 좋습니다. 다른 표현으로 「折り返しお電話を差
し上げます(다시 전화드리겠습니다)」를 쓸 수도 있습니다.

● 다시 전화드려도 괜찮을까요?

折り返しお電話を差し上げてもよろしいでしょうか。
おり かえ　　でんわ　　さ　あ

● 죄송하지만 성함을 한 번 더 여쭤봐도 될까요?

恐れ入りますが、もう一度お名前をお伺いしても
おそ　い　　　　　　　　いち ど　　　　　　　　うかが
よろしいでしょうか。

● 상대에게 어떤 일을 부탁할 때 「恐れ入りますが」를 써서 정중히 표현할 수 있습니다.

● 소리가 잘 안 들립니다만….

お電話が遠いようでございますが…。
でん わ　　とお

● 통화 소리가 잘 들리지 않을 때 쓸 수 있는 표현입니다.

● 바쁘신 중에 시간 내 주셔서 감사했습니다.

お忙しい中、ありがとうございました。

● 전화를 끊기 전에 이 표현을 활용하여 감사의 마음을 전합니다.

● 그럼 끊겠습니다.

では、失礼いたします。
しつれい

● 전화를 끊을 때 쓰는 표현으로, 한국에서 전화를 끊을 때 쓰는 표현인 '들어가세요, 안녕히 계세요, 수고하세요' 등을 일본어로 표현할 때 쓸 수 있습니다.

 단어　　**折り返し** 받은 즉시, 되짚어, 다시

전화 연결하기

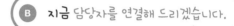

A 송장과 관련하여 여쭤보고 싶은 사항이 있는데요.

B **지금** 담당자를 연결해 드리겠습니다.

A インボイスの件でお伺いしたいことがあるのですが。
　　　　　　けん　　　　うかが

B ただいま担当のものをおつぎいたします。
　　　　　たんとう

「～件でお伺いしたいことがあるのですが」는 상대에게 질문을 할 때 유용
　　けん　うかが
한 표현으로, 앞에 어떤 용건인지 간단하게 언급합니다.
「担当のものをつなぐ」는 '담당자를 연결하다'라는 의미로, 담당 부서로 연
　たんとう
결할 때는 「担当の課(담당 과)」, 「担当の部署(담당 부서)」라고 말할 수 있습
　　　　たんとう　か　　　　　　　たんとう　ぶしょ
니다.

💬 부장님, 도쿄상사의 야마모토 님 전화입니다.

部長、東京商事の山本様からお電話です。
ぶちょう　とうきょうしょうじ　やまもとさま

💬 (찾으시는 분이) 경리부의 와타나베 마사야가 맞으시지요?

経理部の渡辺正也でございますね？
けいりぶ　わたなべまさや

- 만약 상대가 부서의 특정 인물과 연결해 주기를 부탁했다면, 확인을 위해 한 번 더 이름을 확인하도록 합시다. 이 때는 「○○部の○○でございますね？(○○부의 ○○가 맞으시지요?)」라고 말합니다.

💬 담당자에게 전달해서 바로 연락드리라고 하겠습니다.

担当者に連絡をして折り返しさせます。
たんとうしゃ　れんらく　　お　かえ

- 여기서는 「折り返す」를 「折り返しさせる」의 형태로 써서 담당자에게 전화를 걸도록 시키겠다는 의미로 썼습니다.

💬 괜찮으시다면 제가 용건을 처리해 드리겠습니다.

よろしければご用件を承ります。
ようけん　うけたまわ

- 담당자가 분명하지 않아 직접 업무를 처리하려 할 때 쓸 수 있는 표현입니다.

💬 네, 지금 전화 바꿨습니다. 담당자 와타나베입니다.

はい、ただいまお電話変わりました。担当の渡辺です。
でんわ　　　　たんとう　わたなべ

- '전화를 바꾸다'라는 표현은 「電話を変わる」를 활용해 말할 수 있습니다.

 단어　インボイス 인보이스, 송장　部署 부서　経理部 경리부

95

A 기무라 과장님과 연결 부탁드려도 될까요?

B 기무라 과장님은 지금 자리에 안 계십니다.

A **課長の木村様、お願いできますでしょうか。**
か ちょう　き むらさま

B **木村はただいま席を外しております。**
き むら　　　　　　せき　はず

여기서「席を外しております」는 부재중이라는 뜻으로, 앞에「出張で(출장 때문에)」,「会議で(회의 때문에)」와 같이 이유를 붙여 말할 수도 있습니다. 그 밖에「外出しております(외출했습니다)」와 같이 표현할 수도 있습니다.
연결해야 할 담당자가 부재중일 경우에는 상대에게 상황을 알리고 담당자에게 메모를 남길지 나중에 다시 전화를 걸지 상대방의 의향을 물어봅니다.

● 공교롭게도 야마다 팀장님이 잠시 자리를 비우셨는데요, 어떻게 할까요?

あいにく山田は席を外しておりますが、いかがいたし
ましょうか。

● 오늘 야마다 팀장님은 휴가이십니다.

本日、山田はお休みをいただいておりますが。

> ● 「休みをもらう」는 '휴가를 얻다, 쓰다'라는 뜻으로, 거래처 사람에게 말할 때는 팀장님이 내 상사라
> 하더라도 겸양 표현을 써서 「お休みをいただく」라고 합니다.

● 오늘 야마다 팀장님은 외근 나가셨는데, 15시에는 돌아오실 예정입니다.

本日、山田は外出しておりますが、15時には戻る
予定です。

● 공교롭게도 야마다 팀장님은 지금 출장가셨는데, 10일에는 출근하실 예정입니다.

あいにく山田は出張中でございますが、
10日に出社の予定でございます。

● 언제쯤 돌아오실까요?

いつお戻りになりますか？

> ● 「いつ」를 「いつごろ(언제쯤)」, 「何時ごろ(몇 시쯤)」로 바꿔 쓸 수 있습니다.
> 또한 순서를 바꾸어 「お戻りはいつごろでしょうか？」라고도 말할 수 있습니다.

 단어 **席を外す** 자리를 비우다, 자리를 뜨다 **出張** 출장 **外出する** 외출하다 **出社** 출근

B 아뇨,
제가 다시 연락드리겠습니다.

A 돌아오시면 다시 전화드리라고 할까요?

A 戻りましたら、こちらからおかけ直しいたしましょうか。
　　もど　　　　　　　　　　　　　　　　　なお

B いえいえ、こちらから改めてご連絡いたします。
　　　　　　　　　　　　あらた　　　　れんらく

'전화를 다시 드릴까요?'라고 표현할 때 「折り返し」 대신 「かけ直す(다시 걸
　　　　　　　　　　　　　　　　　　お　かえ　　　　　　　　なお
다)」를 활용하여 공손하게 「おかけ直しいたしましょうか」와 같이 말할 수
　　　　　　　　　　　　　　　　　なお
있습니다. 상대가 부재중이라 연결이 안 됐을 때는 앞에서 살펴본 「折り返し
　　　　　　　　　　　　　　　　　　　　　　　　　　　　　　　　　お　かえ
お電話を差し上げてもよろしいでしょうか(나중에 다시 전화드려도 될까
でんわ　さ　あ
요?)」라는 표현을 활용해서 답할 수도 있습니다.

● 이쪽에서 다시 걸도록 전달하겠습니다.

こちらからおかけ直しするよう申し伝えます。
なお　　　　　　　　　もう　つた

● 「申し伝えます」는 「伝えます」의 겸양 표현으로, 더욱 정중한 표현입니다.

● 주식회사 엔진의 시미즈가 전화드렸었다고 전해 주세요.

株式会社エンジンの清水から電話があったことをお伝え
かぶしきがいしゃ　　　　　　　　し みず

ください。

● 「소속+이름から電話があったことをお伝えください」의 형태로 상대에게 메시지 전달을 요청할 수 있습니다.

● 메시지 전달을 부탁드려도 될까요?

伝言をお願いしてもよろしいですか？
でんごん

● 괜찮으시다면, 용건을 여쭙겠습니다.

よろしければ、ご用件を承ります。
ようけん　　　うけたまわ

● 죄송하지만 연락처를 여쭤봐도 괜찮을까요?

恐れ入りますが、ご連絡先をお伺いしてもよろしい
おそ　い　　　　　　　　れんらくさき　　うかが

でしょうか。

● 여기서는 상대의 연락처를 묻는 것이므로 공손하게 「ご連絡先」로 표현합니다.

 改めて 다시, 다음 기회에　**伝言** 전언, 전하는 말　**用件** 용건　**承る** 삼가 듣다

041

약속 잡기 ①

> **B** 다다음 주라도 괜찮으시면 시간을 내 봅시다.

> **A** 가까운 시일 내에 제품 설명 건으로 한번 찾아뵙고 싶은데요….

A 近日中に**製品説明の件**で、一度お伺いしたいのですが…。
　　 きんじつちゅう　 せいひんせつめい　 けん　　　　　　うかが

B 再来週でよければ、時間をつくりましょう。

비즈니스 상황에서 상대와 만날 약속을 잡을 때는 반드시 사전에 메일로 연락을 하여 상대의 의향을 물은 다음에 전화로 구체적인 약속을 정하는 것이 좋습니다. (230쪽 부록 〈메일로 약속 잡기〉 참고)

「近日中に」는 '근일에, 가까운 시일 내' 라는 뜻으로 「近いうちに(가까운 시일 내)」와 비슷하지만 조금 더 격식 있는 표현입니다. 연배나 지위 등이 높은 상대에게 더욱 정중하게 말하려면 「再来週でよろしければ、お時間いかがでしょうか」로 바꿔 말합니다.

● 오늘은 신상품 보고차 연락드렸습니다.

本日は、新商品のご報告でご連絡差し上げました。
ほんじつ　しんしょうひん　ほうこく　れんらく さ　あ

● 인사차 찾아뵙고 싶은데 괜찮으신가요?

ご挨拶に伺わせていただいてもよろしいでしょうか。
あいさつ　うかが

● 꼭 한번 인사드리고 싶은데요….

ぜひ、一度お目にかかりたいのですが…。
いち ど

● 꼭 한번 이번 건과 관련하여 소개해 드리고 싶습니다만….

ぜひこの件について、ご紹介いただきたいのですが…。
けん　しょうかい

● 상세한 내용을 한번 설명드리고 싶습니다.

詳細について一度ご説明させていただきたいと思って
しょうさい　せつめい
おります。

製品 제품　報告 보고　挨拶 인사

042

약속 잡기 ②

> Ⓐ 편하신 날을 알려 주시면 감사하겠습니다.

> Ⓑ 수요일 오후라면 시간을 낼 수 있습니다.

Ⓐ ご都合のいい日をお教えいただけますと幸いです。
　　　つごう　　　　　　　　　　　　　　　　　　さいわ

Ⓑ 水曜の午後でしたら時間がとれます。
　　　すいよう

상대방의 일정을 물어볼 때는 「ご都合のいい日(시간이 되는 날, 일정이 가능
한 날)」를 활용해「ご都合のいい日をお教えいただけますと幸いです」와
같이 표현할 수 있습니다.

또한 약속을 잡을 때는 여러 개의 일정을 후보로 제시하면 좋습니다. 이 때「ど
ちらがよろしいでしょうか(어느 쪽이 괜찮으신가요?)」를 활용해 2개의 후
보 중에서 선택을 요청할 수 있습니다. 그에 대한 답은「일정+でしたら時間
がとれます(~한 일정이라면 시간을 낼 수 있습니다)」가 적당합니다.

● 3월 둘째 주 일정은 어떠신가요?

3月第2週の日程はいかがでしょうか。
_{にってい}

● 다음 주에 편하신 날이 언제이신가요?

来週、ご都合はいかがでしょうか。
_{つ ごう}

● 어려운 날짜나 시간이 있으시면 사전에 연락을 주시면 감사하겠습니다.

厳しい日や時間などありましたら事前にご連絡いただけ
_{きび} _{じ ぜん} _{れんらく}
ましたら幸いです。
_{さいわ}

   ● 「厳しい(엄격하다)」는 비즈니스 상황에서 「難しい(어렵다)」라는 의미로 흔히 쓰입니다.

● 지금 상황에서는 다음 주 15시 이후라면 언제든 괜찮습니다.

今のところ、来週は15時以降でしたらいつでも
_{い こう}
大丈夫です。

   ● 이 표현에 「御社に合わせます(귀사의 일정에 맞추겠습니다)」라고 덧붙여 말할 수도 있습니다.

● 시간이 되시는 날의 후보를 2~3개 알려 주시면 감사하겠습니다.

ご都合のよい日の候補を2～3個いただけますと幸いです。
_{つ ごう} _{こう ほ} _{さいわ}

日程 일정 **事前に** 사전에 **以降** 이후 **候補** 후보

> B 대단히 죄송합니다. 일부러 전화해
> 주셨는데 현재는 예정이 없습니다.

> A 신규 진출을 고려하는 기업 분들께
> 제안을 드리고 있는데요….

A 新規参入を考えている企業様にご提案をさせていただいて
しん き さんにゅう　　　　　　　　　　き ぎょうさま　　　ていあん

おりまして…。

B 大変申し訳ございません。せっかくお電話いただき
たいへんもう　わけ

ましたが、現在予定はありません。
げんざい

약속을 거절할 때는 거절하는 이유를 말하되 직설적인 느낌이 들지 않도록 완
곡하게 표현하는 것이 좋습니다. 「申し訳ありません(죄송합니다)」 보다는
もう　わけ
「大変申し訳ございません(대단히 죄송합니다)」과 같은 더 공손한 표현을
たいへんもう　わけ
활용해 미안한 마음이 잘 전달되도록 신경 쓰는 것이 좋습니다.

● 죄송하지만 현재로서는 신규 건은 진행하고 있지 않습니다.

**恐れ入りますが、今のところ新規のお取引は控えさせて
いただいております。**
おそ　い　　　　　　　　　　　しん き　　とりひき　ひか

　　　　　　　　　　● 「控える」는 '삼가다'라는 뜻으로, 에둘러서 거절할 때 활용할 수 있습니다.

● 내용을 설명해 주시면 사내에서 검토하겠습니다.

内容をお聞きしてから社内で検討いたします。
ないよう　　　　　　　　　　　しゃない　けんとう

● 필요할 경우 저희 쪽에서 연락드리겠습니다.

必要な際はこちらからご連絡させていただきます。
　　　　さい　　　　　　　　　れんらく

● 업무 중이라서 이만 실례하겠습니다.

業務中のため失礼します。
ぎょう む ちゅう　　　しつれい

　　　　　　　　　　● 전화가 길어질 것 같을 때 쓸 수 있는 표현입니다.

● 급한 건이 있어 현재는 여유가 없습니다.

**差し迫った案件を抱えておりまして、手がふさがって
おります。**
さ　せま　　あんけん　かか

　　　　　　　　　　● 이미 어떤 일을 하고 있어서 그 이상 다른 일을 할 여유가 없다는 의미입니다.

단어

新規参入 신규 진출, 새로운 분야·산업 등에 진출함　**社内** 사내, 회사 안　**際** 때, 기회
業務 업무　**差し迫る** 급하다, 절박하다　**抱える** 떠안다　**手がふさがる** 짬이 나지 않다

A 30分でも厳しいでしょうか。
きび

B お役に立てず、申し訳ございません。
やく　　　　もう　わけ

「厳しい(엄하다)」는 비즈니스 상황에서 '어렵다, 곤란하다, 무리가 있다'라는
きび
의미로 쓰입니다. 「お役に立てず、申し訳ございません」을 활용해 개인적
やく　　　　もう　わけ
으로 돕고 싶은 마음이 있으나 회사의 사정으로 인해 어쩔 수 없다는 의미를 담
아 우회적으로 거절할 때 쓸 수 있습니다. 이 외에도 다음 기회를 기약한다는
말로 확답을 피할 수도 있습니다.

💬 대단히 송구하오나 일정 관계상 이번에는 어려울 듯 합니다.

大変恐縮なのですが、スケジュールの都合上、
たいへんきょうしゅく　　　　　　　　　　　　　　　　つ ごうじょう

今回は厳しいかと存じます。
　　　きび　　　　　ぞん

　　　　　　　● 「～かと存じます」는 「～と思います(～라고 생각합니다)」의 정중한 표현입니다.

💬 요청에 부응하지 못 해서 죄송하오나 너른 양해 부탁드립니다.

ご期待に添えず申し訳ありませんが、
　きたい　そ　　もう　わけ

どうかご了承ください。
　　　　りょうしょう

💬 일부러 제안해 주셨는데 아무래도 어려울 것 같습니다.

せっかくお声がけいただきましたが、
　　　　こえ

どうしても厳しいかと存じます。
　　　　　きび　　　　　ぞん

💬 대단히 송구하오나 또 다음을 기약하겠습니다.

誠に恐縮ではございますが、
まこと きょうしゅく

またの機会がございましたら、お願い申し上げます。
　　　きかい　　　　　　　　　　　　もう あ

　　　　　● 이번에는 거절하지만 다음을 기약한다는 표현으로 여지를 남기는 것이 예의입니다.

💬 대단히 죄송하지만 다음 기회에 또 제안해 주시면 감사하겠습니다.

誠に申し訳ございませんが、
まこと もう わけ

またの機会にお声がけいただければ幸いです。
　　　きかい　こえ　　　　　　　　さいわ

단어　　どうか 부디, 아무쪼록　了承 양해　機会 기회

107

045 약속 취소하기

> **B** 그럼 일정을 조정해서 다시 연락드리겠습니다.

> **A** 모레 미팅은 사내 트러블로 인해 대응이 어려운 상황이 되었습니다.

A 明後日の打ち合わせの件ですが、社内のトラブルのため、
対応が難しい状況になりました。

B それでは日程を調整し、再度ご連絡いたします。

약속을 취소하기 위해 운을 뗄 때는 「~の件ですが」가 유용합니다. 취소하려 하는 이유를 설명하고 「ご迷惑をおかけして、誠に申し訳ございません (폐를 끼쳐 대단히 죄송합니다)」과 같은 인사말을 덧붙이도록 합시다. 이 때는 변경 가능한 일정을 대안으로 제시하는 것이 일반적입니다. 「再度」는 '다시'라는 뜻으로, 「改めて」로 바꿔 말할 수 있습니다.

🔵 대단히 죄송하지만 부득이한 사정으로 대응이 어려운 상황이 되었습니다.

誠に申し訳ございませんが、よんどころない事情で
対応が難しい状況になりました。

● 「よんどころない事情」는 '부득이한 사정'이라는 뜻으로, 이유를 밝히기 어렵지만 어쩔 수 없는 사정이라는 의미로 비즈니스 상황에서 종종 쓰이는 관용적인 표현입니다.

🔵 급한 회사 사정으로 찾아뵙기 어렵게 되었습니다.

急な社内事情により、伺うことができなくなりました。

🔵 너른 양해 부탁드립니다.

ご了承くださいますようお願い申し上げます。

● 「～くださいますようお願い申し上げます」는 '～해 주시기를 부탁드립니다'라는 의미로 쓰이는 문형입니다.

🔵 집안의 부고로 인해 요청에 응하지 못 하게 되어 죄송합니다.

身内に不幸がありまして、ご期待に添えず申し訳
ございません。

● 「身内に不幸がある」는 해석하자면 '집안에 불행이 있다', 즉 집안의 부고가 있다는 표현입니다.

🔵 일부러 조정해 주셨는데 죄송합니다.

せっかくご調整いただきましたのに、申し訳ございません。

対応 대응, 대처 **日程** 일정 **調整する** 조정하다 **再度** 재차, 두 번 **了承** 양해, 납득
身内 가족, 집안 **不幸** 불행, 초상

046 약속 변경하기

A 대단히 송구하오나 회의 일정을 변경해 주실 수 있으신가요?

B 물론입니다. 편하신 날을 알려 주시겠어요?

Ⓐ **大変恐縮ではございますが、打ち合わせの日時を変更して**
たいへんきょうしゅく　　　　　　　　　　　　　　　う　あ　　　　　にちじ　　へんこう
いただくことは可能でしょうか。
　　　　　　　　かのう

Ⓑ **もちろんです。**

ご都合のいい日を教えていただけますでしょうか。
　つごう

「打ち合わせ」는 '회의, 미팅'이라는 뜻으로, 「アポ」, 「会議」, 「ミーティン
グ」로 바꿔 쓸 수 있습니다. 「変更していただくことは可能でしょうか」는
「変更していただけますか(변경해 주실 수 있나요?)」보다 조심스러우며 거
절당해도 어쩔 수 없다는 어감으로, 정중하게 들립니다. 「変更をお願いでき
ないでしょうか」로 바꿔서 말할 수도 있습니다.

● 모레 13시 미팅을 14시로 옮겨 주실 수 있으신가요?

明後日の13時のミーティングの時間を14時にずらして
<ruby>明後日<rt>みょうごにち</rt></ruby>
いただくことは可能でしょうか。
<ruby>可能<rt>かのう</rt></ruby>

● 「ずらす」는 '겹치지 않도록 비켜 놓다'라는 의미로, '일정을 미루다, 옮기다'라는 의미로도 쓰입니다.

● 저희는 다음 주 외에는 괜찮습니다.

こちらは来週以外でしたら大丈夫です。

● 「〜以外でしたら(〜이외라면)」의 문형을 활용한 표현입니다.

● 다음 주 미팅 건인데요, 일정 변경을 요청드리고자 연락드렸습니다.

来週の打ち合わせの件ですが、日時変更をお願い
<ruby>打ち合わせ<rt>うあ</rt></ruby> <ruby>件<rt>けん</rt></ruby> <ruby>日時変更<rt>にちじへんこう</rt></ruby>
したく、ご連絡いたしました。
<ruby>連絡<rt>れんらく</rt></ruby>

● 회화의 A 표현보다는 통보한다는 느낌이 들 수 있습니다.

● 죄송하지만 공교롭게도 4일에는 변경이 어려운 일정이 있습니다.

申し訳ございませんが、あいにく4日は外せない用事が
<ruby>申<rt>もう</rt></ruby> <ruby>訳<rt>わけ</rt></ruby> <ruby>外<rt>はず</rt></ruby> <ruby>用事<rt>ようじ</rt></ruby>
ございます。

● 「外せない用事」는 변경이 어려운 일정을 언급할 때 관용적으로 사용합니다.

● 하시모토 님께서 괜찮으신 날에 맞추겠습니다.

橋本様のご都合のよい日に合わせます。
<ruby>橋本様<rt>はしもとさま</rt></ruby> <ruby>都合<rt>つごう</rt></ruby>

● 상대로부터 일정 조정 요청이 왔을 때, 상대의 일정에 맞추겠다는 의미로 쓸 수 있습니다.

日時 일시　**可能だ** 가능하다

111

PART

07

고객사 방문과 내방

○ 안내 데스크에서
다케다 님과 뵙기로 약속되어 있습니다
불쑥 찾아뵈어서 죄송합니다

○ 대기실에서
안쪽 의자에 앉으세요

○ 방문 인사
바쁘신 중에 초대해 주셔서 감사합니다

○ 귀가 인사
먼 걸음 해 주셔서 감사했습니다

A 11時に営業課の武田様とお約束をいただいております。
えいぎょう か　たけ だ さま　　　やくそく

B 武田様ですね。お待ちしておりました。
たけ だ さま

안내 데스크가 있는 경우 직원에게 「○○社の△△と申します(○○회사의 △△입니다)」라고 자신을 소개한 후 「약속 시간+소속+담당자とお約束をいただいております」와 같이 말합니다. 「いつもお世話になっております(항상 신세 지고 있습니다)」와 같은 인사도 하는 것이 기본 매너입니다. 「お待ちしておりました(기다리고 있습니다)」는 방문객을 맞이할 때 유용한 인사말입니다.

● 인사부 고이케 님과의 10시 약속으로 찾아뵈었습니다.

人事部の小池様と10時のお約束で伺いました。
じんじ ぶ こ いけさま うかが

● 「お約束をいただいております」 대신 「お約束で伺いました」로 표현할 수도 있습니다.

● 영업부의 다카하시 님과 뵙기로 하였는데, 연결을 부탁드립니다.

営業部の高橋様にお取次ぎいただきたいのですが。
えいぎょう ぶ たかはしさま とり つ

● 여기서 「お取次ぎ」는 '연결'이라는 뜻으로, 「お取次ぎいただけますでしょうか」로 바꿔 말할 수 있습니다.

● 13시에 관리과 시미즈 님과의 미팅이 있어 왔습니다.

13時に管理課の清水様との打ち合わせに参りました。
かんり か しみずさま う あ まい

● 시금 귀사 1층 로비에 와 있습니다.

ただいま御社1階のロビーに到着しました。
おんしゃ とうちゃく

● 「1階のロビー」 대신 「受付(안내 데스크)」, 「ビルの前(건물 앞)」 등으로 바꿔 말해도 좋습니다.

● 네, 알겠습니다. 5층으로 올라가세요.

はい、かしこまりました。5階へどうぞ。

 取次ぎ 중개, 연결, 손님 맞이

A 불쑥 찾아뵈어서 죄송합니다.

B 실례지만 어떤 용건이신가요?

INFORMATION

A 突然お伺いして申し訳ございません。
　とつぜん　うかが　　　　もう　わけ

B 失礼ですが、どのようなご用件でしょうか。
　しつれい　　　　　　　　　　ようけん

약속을 하지 않고 갑자기 방문하는 것은 실례이지만, 인사를 하고 싶을 경우
「突然お伺いして申し訳ございません(불쑥 찾아와서 죄송합니다)」라는 말
　とつぜん　うかが　　もう　わけ
을 잊지 말고 건네도록 합시다.

● 급한 일은 아닌데요.

急ぎの用ではございませんが。
いそ　　　よう

> ● 여기서 「急ぎの用」는 '급한 용건'을 말합니다.

● 실례지만 미리 약속을 잡으셨나요?

大変失礼ですが、お約束をいただいておりました
たいへんしつれい

でしょうか。

> ● 약속은 쌍방이 하는 것이므로 '약속을 잡다'는 「お約束をいただく」로 쓸 수 있으며 약속을 했는지
> 물을 때도 「お約束をいただいておりましたでしょうか」라 할 수 있습니다.

● 약속은 안 잡았지만 사사키 님께 상품의 최신 정보를 전해 드리고자 찾아뵈었습니다.

お約束いただいてませんが、佐々木様に商品の最新情報
さ さ き さま　　　　　　さいしんじょうほう

をお渡ししたく、お伺いしました。
うかが

> ● 「～したく、お伺いしました(～하고자 찾아뵈었습니다)」의 형태로 자신의 용건을 전달할 수 있습니다.

● 확인해 보니 다른 일정이 꽉 차있다고 하여… 죄송합니다.

確認したところ予定が詰まっておりまして…、
かくにん　　　　　　　　　　つ

申し訳ございません。
もう　　わけ

> ● 앞서 배운 '외출 중, 출장 중, 휴가 중' 등 다양한 상황에 대한 표현을 활용해도 좋습니다.

● 바쁘신 중에 갑자기 찾아뵈어 실례가 많았습니다.

お忙しい中、突然お邪魔いたしまして、
とつぜん　　じゃ ま

大変失礼いたしました。
たいへんしつれい

> ● 담당자를 만나지 못하고 나올 때 쓸 수 있는 표현입니다.

突然 갑자기　**用件** 용건　**詰まる** 가득 차다

A 안쪽 의자에 앉으세요.

B 아뇨, 이쪽도 괜찮습니다.

A どうぞ奥の席におかけください。
　　　　おく　せき

B いいえ、こちらで結構です。
　　　　　　　　けっこう

대기실로 안내를 받으면 상석이 아닌 입구에 가까운 말석에 앉도록 합시다. 안
내 담당자가 「どうぞ奥の席におかけください」라고 말하며 상석을 권해도
「いいえ、こちらで結構です」라고 답하며 사양합니다. 그럼에도 한 번 더
권할 경우 「失礼いたします(실례하겠습니다)」라고 말한 뒤 안내 받은 상석
에 앉습니다.

● 이쪽으로 모시겠습니다.

どうぞお入_{はい}りください。

● 여기에 앉아 잠시 기다려 주세요.

こちらにおかけになって、少々_{しょうしょう}お待_まちください。

● 기다리시는 동안 차나 커피를 드릴까요?

お待ちいただく間_{あいだ}、お茶かコーヒーをお持ち
しましょうか。

> 「お持ちしましょうか」 대신 「ご用意(よう)しましょうか(준비할까요?)」,
> 「いかがですか(어떠세요?)」 등으로 바꿔 쓸 수 있습니다.

● 아, 마시고 와서 괜찮습니다. 마음 써 주셔서 감사합니다.

あ、飲んできましたので大丈夫です。

お気遣_{きづか}いありがとうございます。

> 괜찮다는 말과 함께 배려에 감사하다는 말도 덧붙이면 좋습니다.

● 오래 기다리셨습니다. 고바야시라고 합니다. 잘 부탁드립니다.

お待たせいたしました。小林_{こばやし}と申_{もう}します。
どうぞよろしくお願いします。

> 손님이 기다리시는 곳에 들어가며 손님께 이와 같이 인사를 건넵시다.

奥 안, 속   **かける** 앉다, 걸터 앉다   **気遣い** 마음을 씀, 염려함

방문 인사

B 아닙니다. 저야말로 바쁘신 중에 초대해 주셔서 감사합니다.

A 오늘은 먼 걸음 해 주셔서 감사합니다.

A 本日は、ご足労いただきありがとうございます。
ほんじつ　　　そくろう

B いえいえ、お忙しいところを、こちらこそお招きいただき
まね
ありがとうございます。

「ご足労いただきありがとうございます」는 '먼 걸음 해 주셔서 감사합니
そくろう
다'라는 인사입니다. 이 때 초대를 받은 쪽은「こちらこそお招きいただきあ
まね
りがとうございます」,「お時間いただきありがとうございます(시간을
내 주셔서 감사합니다)」와 같이 대답합니다.

💬 바쁘신 중에 귀중한 시간을 내 주셔서 대단히 감사합니다.

お忙しいところ、貴重なお時間をいただき、
きちょう
誠にありがとうございます。
まこと

💬 오늘은 바쁘신 중에 시간을 내 주셔서 대단히 감사합니다.

本日はお忙しいところお時間を割いていただき、
ほんじつ　　　　　　　　　　　　　　　　　　　　　さ
誠にありがとうございます。
まこと

💬 궂은 날씨에 멀리까지 와 주셔서 정말 감사합니다.

お足元の悪い中、遠くまでお越しいただきまして、
あしもと　　　　なか　　　　　　　　こ
本当にありがとうございます。

● 「お足元の悪い中」는 '눈, 비 등으로 길이 더러워지거나 날씨가 나빠 발걸음 하기 힘든 데도'라는
의미로, 안 좋은 날씨를 나타낼 때 쓰입니다.

💬 마음뿐입니다. / 소소하지만…. / 별것 아닙니다만….

心ばかりのものですが…。

● 과자류 같은 작은 선물을 준비하여 상대에게 건넬 때 사용하는 표현입니다.
앞에서 배운 「心ばかりですが」의 변형된 형태로, 「ほんの気持ちですが」로 바꿔 말할 수 있습니다.

💬 괜찮으시면 같이 드셔 주세요.

よろしければ、皆様でお召し上がりください。
みなさま　　　め　　あ

足労 오시는 수고　招く 초대하다　貴重だ 귀중하다　誠に 대단히, 매우
割く 할애하다　召し上がる 드시다〈「食べる」, 「飲む」의 높임말〉

051 귀가 인사

A 오늘은 먼 걸음 해 주셔서 감사했습니다.

B 저야말로 배웅해 주셔서 감사합니다.

A **本日は**ご足労いただき、ありがとうございました。
　ほんじつ　　　　そくろう

B こちらこそお見送りいただき、ありがとうございます。
　　　　　　　　み おく

방문한 쪽에서 이야기를 마무리하고 귀가 준비를 하는 것이 일반적입니다. 귀가 시에는 다시 한 번 일어서서 정식으로 인사합니다. 코트나 장갑 등은 건물 입구를 나설 때까지 착용하지 않습니다. 상대가 배웅해 줄 때「お見送りいただき、ありがとうございます」라고 말하며 감사의 마음을 전합시다. 내가 상대를 배웅할 때는 처음 만났을 때 한 인사를 그대로 하되「ありがとうございました(감사했습니다)」와 같이 과거 시제로 바꿔 말합니다.

● 그럼 예정된 시간이 다 되었으니 슬슬 일어나 보겠습니다.

それでは予定の時間になりましたので、そろそろ

失礼いたします。
しつれい

● 같은 상황에서 「そろそろお約束の時間になってしまいましたので
失礼いたします」라고 말할 수도 있습니다.

● 그럼, 저는 다음 회의 때까지 견적서를 작성해 오겠습니다.

それでは、次回のお打ち合わせまでに私はお見積書を
じかい　　　　　　　う　あ　　　　　　　　わたくし　　　み つもりしょ

作成いたします。
さくせい

● 회의를 마무리하며 서로의 앞으로의 할 일을 확인할 때 「次回のお打ち合わせまでに」라는 표현이
유용합니다. 짧게 「次回までに」 또는 「○○日までに」와 같이 써도 좋습니다.

● 요시다 님께서는 그때까지 결재를 올려 주시기를 부탁드립니다.

吉田様にはそれまでに会社で稟議のほどよろしく
よし だ さま　　　　　　　　　　　　　　りん ぎ

お願いいたします。

● 나오지 마십시오. / 여기에서 인사드리겠습니다.

お見送りは、もうここで結構です。
み おく　　　　　　　　　　けっこう

● 같은 상황에서 「ここまでで結構ですので」라고도 말할 수 있습니다.

● 실례 많았습니다.

お邪魔いたしました。
じゃ ま

● 같은 상황에서 바꿔 쓸 수 있는 표현으로는 「こちらで失礼いたします
(여기서 인사드리겠습니다)」가 있습니다.

見送り 배웅　そろそろ 슬슬　次回 다음번　打ち合わせ 협의, 미팅　見積書 견적서
作成する 작성하다　稟議 품의

123

회의 및 프레젠테이션

회의 개회 및 인사
지금부터 회의를 시작하겠습니다
세부 사항은 사토 과장이 설명드리겠습니다

주제 및 목차 소개
본 기획에 대한 설명은 30분 정도 소요될 예정입니다

질의응답 안내
질문이 있으신 경우 편하게 해 주세요

본론
회사 개요에 대한 설명이 있겠습니다
A사와 제휴 관계를 맺기로 했습니다

결론
요약하자면

질의응답
실분 없으십니까?
지적하신 바와 같습니다

휴식 안내
10분 휴식하고 회의를 재개하겠습니다

마무리하기
이상으로 회의를 마치도록 하겠습니다

원격 회의
인터넷 상태가 안 좋아서요
슬라이드 자료가 보이시나요?

052 회의 개회 및 인사 ①

- B 그럼 지금부터 회의를 시작하겠습니다.
- A 슬슬 시간이 되었네요.

A そろそろ時間ですね。

B それでは、ただいまより会議を始めさせていただきます。

「そろそろ(슬슬)」는 약속한 시간이 되었음을 알릴 때 유용합니다. 「そろそろ」만 말하고 시계를 보는 제스처를 취하는 것만으로도 충분히 의미가 통합니다. 대신 「時間になりましたので(시간이 되었습니다)」를 쓸 수도 있습니다. 개회 선언을 할 때에는 「会議を始めさせていただきます」를 씁니다. 지금 시작할 때는 「ただいまより(지금부터)」를 쓸 수 있으며, 이는 「ただいまから」로 바꿔 쓸 수 있습니다. 잠시 후에 시작할 경우에는 「間もなく(곧)」, 정확한 시각을 말할 때는 「14時より(14시부터)」라고 말하면 됩니다.

● 5분 후에 시작하도록 하겠습니다.

5分後に始めさせていただきたいと思います。

● 「～させていただきます」의 형태 대신 「～させていただきたいと思います」의 형태로 쓸 수도 있습니다.

● 오늘은 참석해 주셔서 진심으로 감사드립니다.

本日はご出席いただきまして誠にありがとうございます。
ほんじつ　　しゅっせき　　　　　　　　　　まこと

● 일본에서는 행사를 시작하기에 앞서 참석자들에게 이 표현을 활용해 감사 인사를 하는 경우가 많습니다.

● 금일 안건은 보시는 바와 같습니다.

本日のアジェンダはこちらとなります。
ほんじつ

● 프레젠테이션 화면 등을 손으로 가리키며 말합니다.
「こちらとなります」 대신 「**画面の通りです**(화면과 같습니다)」라고 말할 수 있습니다.

● 가지고 계신 자료를 참고해 주시기 바랍니다.

お手元の資料をご参照ください。
　て もと　　し りょう　　さんしょう

● 「**手元**」는 손이 미치는 범위를 말하며 여기서는 '가지고 계신'이라는 의미로 쓰였습니다.

● 송구하오나 스마트폰은 진동으로 바꿔 주십시오.

恐れ入りますが、スマートフォンはマナーモードに
おそ　 い

お切り替えください。
　き　 か

アジェンダ 아젠다, 안건　**資料** 자료　**参照** 참조　**切り替える** 바꾸다

053 회의 개회 및 인사 ②

> **B** 방금 소개 받은 사토입니다.
> 잘 부탁드립니다.

> **A** 세부 사항은
> 사토 과장이 설명드리겠습니다.

A 詳細につきましては、佐藤がご説明させていただきます。
しょうさい　　　　　　　　さとう　　せつめい

B ただいまご紹介いただきました佐藤と申します。
しょうかい　　　　　　　さとう　もう
よろしくお願いいたします。

발표자를 소개할 때 자기 쪽 사람일 경우 직책이나 경칭을 부르지 않고 성만 말
합니다. 「佐藤がご説明させていただきます」에서 「が」 대신 「より」를 넣어
さとう　せつめい
서 표현할 수도 있습니다. 소개를 받았을 때는 「ただいまご紹介いただきま
しょうかい
した○○と申します(방금 소개 받은 ○○라고 합니다)」라고 말하며 자기소
もう
개를 합니다.

● 자세한 내용은 담당자인 고윤주 과장이 설명드리겠습니다.

詳しい内容は担当のコ・ユンジュからご説明申し上げます。
くわ　　　ないよう　　たんとう　　　　　　　　　　　せつめいもう　あ

- 내용에 따라 중간에 발표자가 바뀌는 경우, 앞 사람이 이와 같이 다음 차례의 발표자를 소개합니다.
「詳しい内容は」 대신 「ここからは(여기에서부터는)」 로 바꿔 쓸 수 있습니다.

● 오늘 이렇게 발표할 기회를 주셔서 감사합니다.

本日、このようにご報告できる機会をいただきまして、
ほんじつ　　　　　　　　　　　ほうこく　　　　　きかい

誠にありがとうございます。
まこと

● 그럼 저 다케우치가 보고드리겠습니다.

それでは、私、竹内より報告させていただきます。
　　　　　　わたくし　たけうち　　　ほうこく

● 본격적인 발표에 앞서 자기소개 올리겠습니다.

本格的な発表に先立ちまして、自己紹介をさせて
ほんかくてき　　はっぴょう　さきだ　　　　　　じこしょうかい

いただきたいと思います。

- 「〜に先立ちまして」는 '〜에 앞서서'라는 의미입니다.

● 그럼 1세션으로 넘어가겠습니다.

それでは、第1セッションに移らせていただきます。
　　　　　　　　　　　　　　うつ

- 「第1セッション」 대신 「発表(발표)」,「報告(보고)」 등으로 바꿔 말할 수 있습니다.
「移る」는 '넘어가다'라는 의미로, 「次に移ります(다음으로 넘어가겠습니다)」라고도 말할 수 있습니다.

 단어　　詳細 상세, 자세한 내용　**本格的** 본격적　**発表** 발표　**先立つ** 앞서다

A 본 기획에 관한 설명은 30분 정도 소요될 예정입니다만 시간 괜찮으신가요?

B 문제 없습니다.

A 本企画のご説明には30分ほどかかると思いますが、
ご都合はいかがでしょうか。

B 問題ありません。

자기소개를 한 후 소요 시간, 주제, 목차 등을 간단히 소개합니다. 「本企画の
ご説明」 대신 「プレゼンは(프레젠테이션은)」, 「本日は(오늘은)」, 「発表は
(발표는)」를 넣어서 말할 수도 있습니다. 「○○分ほどかかると思います
が、ご都合はいかがでしょうか」와 같이 소요 시간과 요점을 미리 전달하
면 좋습니다.

● 이러한 문제 해결에 기여할 수 있는 당사 제품을 여러분께 소개하려 합니다.

この問題解決に貢献できる当社製品を皆様に
　かいけつ　　こうけん　　　とうしゃせいひん　　みなさま
ご紹介したいと思っております。
　しょうかい

● 여러분께서도 디지털 전환이 좀처럼 진척되지 않는 것에 고민을 갖고 계시지는 않으신가요?

皆さんもDXがなかなか進まないということでお困りでは
　みな
ありませんか？

　　● DX는 '디지털 트랜스포메이션'의 약자로, 기업이 디지털 기술을 이용해 업무 흐름을 개선하거나
　　　새로운 비즈니스 모델을 창출하는 등 혁신을 추구하는 것을 말합니다.

● 오늘 말씀드릴 내용은 보시는 바와 같습니다.

本日申し上げる内容はご覧の通りです。
ほんじつもう　　あ　　ないよう　　　らん

● 우선 서음으로 저희 신제품에 관해 3가지를 설명드리겠습니다

まず初めに私どもの新しい製品について３つのことを
　はじ　　わたくし　　　　　　せいひん
ご説明させていただきます。
　せつめい

　　　● 여러 사항을 나열할 때는 「まず初めに」에 이어 순서대로
　　　「次に(다음으로)」, 「最後に(마지막으로)」를 써서 말하면 됩니다.

● 귀사에서는 이러한 문제 의식을 갖고 계시는 것으로 알고 있습니다.

御社では、このようなことに問題意識を持たれていると
おんしゃ　　　　　　　　　　　　　　い　しき
認識しております。
にんしき

　　● 어떠한 문제가 있는지 구체적으로 언급하며 운을 떼는 것도 좋은 방법입니다.

 企画 기획　貢献 공헌　当社 당사, 우리 회사　意識 의식　認識する 인식하다

질의응답 안내

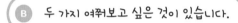

> **A** 질문이 있으신 경우 편하게 해 주세요.

> **B** 두 가지 여쭤보고 싶은 것이 있습니다.

A 質問がございましたら、遠慮なくおっしゃってください。
しつもん　　　　　　　　　　えんりょ

B 二点伺いたいことがあります。
　　うかが

청중에게 질문은 언제 하는 것이 괜찮은지 미리 말하면 좋습니다. 「質問がご
ざいましたら」의 뒤에는 「おっしゃってください」, 「遠慮なくおっしゃっ
てください」, 「お願いいたします」, 「どうぞ」 등을 다양하게 쓸 수 있습니
다. 「伺いたいことがあります」의 앞에 「一点」, 「二点」과 같이 개수를 넣거
나 「二点ほど(두 가지 정도)」와 같이 표현할 수 있습니다.

💬 질문은 끝나고 한번에 받도록 하겠습니다.

質問は終わってからまとめてお伺いいたします。
しつもん　　　　　　　　　　　　　　　　　　　　うかが

● 「終わってから(끝내고 나서)」를 「後(のち)ほど(나중에)」로 바꿔 말할 수 있습니다.

💬 먼저 발표를 진행한 후 마지막에 질의응답 시간을 갖도록 하겠습니다.

まずは発表を進めた後、最後に質疑応答の時間を
はっぴょう　すす　　　　　　　　　　しつ ぎ おうとう
設けたいと思います。
もう

● 「時間を設ける」는 '시간을 마련하다'라는 뜻입니다.

💬 세션 중간 중간에 질문은 대환영입니다.

セッション中のご質問は大歓迎です。
しつもん　　だいかんげい

💬 만약 궁금하신 점이 있으면 발표 도중에 질문하셔도 괜찮습니다.

もし疑問点がありましたら、プレゼンの途中でも
ぎ もんてん　　　　　　　　　　　　　と ちゅう
結構です。
けっこう

💬 오늘은 시간 관계상 질문은 이쪽의 메일로 부탁드립니다.

本日は時間の都合上、ご質問はこちらのメールに
ほんじつ　　　　　つ ごうじょう　　しつもん
お願いいたします。

● 「時間の都合上」 대신 「時間の関係上(시간 관계상)」도 쓸 수 있습니다.

まとめて 통합해서, 한번에　**質疑応答** 질의응답　**設ける** 마련하다　**歓迎** 환영
疑問点 의문점, 의심나는 점

> **B** 그럼, 저 히구레가
> 간단히 소개해 드리겠습니다.

> **A** 이어서 회사 개요에 대한
> 히구레 님의 설명이 있겠습니다.

A 続きまして、会社概要について日暮様よりご説明が
ございます。

B それでは、私、日暮より簡単にご紹介申し上げます。

발표자가 우리 회사 사람이 아니라 상대 회사 사람이라면 이름 뒤에 「様」를 붙여 공손히 말합니다. 「ご説明がございます」는 '설명이 있겠습니다'라는 의미이며, 더욱 정중하게 할 경우 「ご説明をいただきます」와 같이 동사를 바꿔 말합니다. 「~について簡単にご紹介申し上げます(~에 관하여 간단히 소개해 드리겠습니다)」는 소개할 때 유용한 문형입니다. 「ご紹介」 없이 「申し上げます」만 써도 같은 의미를 나타내며 '설명, 발표, 보고' 등의 표현을 활용할 수도 있습니다.

💬 도쿄를 비롯한 일본 전역의 고객 분들께 서비스를 제공하고 있습니다.

東京をはじめ、日本全域のお客様にサービスを提供して
おります。
とうきょう　　　　　ぜんいき　きゃくさま　　　　　　　ていきょう

💬 여기에서부터는 본론으로 들어가겠습니다.

ここからは本題に入りたいと思います。
ほんだい

● 「本題に入る」는 '본론으로 들어가다'라는 의미입니다.

💬 당사의 행보를 빠르게 소개하겠습니다.

当社の歩みを駆け足でご紹介します。
とうしゃ　あゆ　か　あし　しょうかい

💬 금번에 개선된 두 가지 포인트에 대해 말씀드리고자 합니다.

今回改善された2つのポイントを申し上げたいと思います。
かいぜん　　　　　　　　　　　　　もう　あ

💬 특별히 질문이 없으시면 다음 설명으로 넘어가겠습니다.

ご質問が特になければ次の説明に移ります。
しつもん　とく　　　　　せつめい　うつ

● 여러 목차가 있는 발표에서 다음 단계로 넘어갈 때 유용하게 쓸 수 있습니다. 「次の○○に移らせて
いただきます」, 「次の○○に移らせていただきたいと思います」의 형태로도 말할 수 있습니다.

全域 전역 **提供する** 제공하다 **歩み** 진행, 발걸음 **駆け足** 일을 급히 하다, 뛰어감
移る 옮기다

135

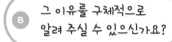

A 당사에서는 판로 확대를 목표로 A사와 제휴 관계를 맺기로 했습니다.

B 그 이유를 구체적으로 알려 주실 수 있으신가요?

A 弊社では販路拡大を目指して、A社とアライアンスを
へいしゃ　　はんろかくだい　めざ
組むことになりました。
く

B その理由を具体的にお聞かせいただけますか？
ぐたいてき

「~を目指す」는 '~을/를 목표로 하다'라는 의미이고, 「アライアンスを組
む」는 '제휴를 맺다'라는 의미입니다.

🔵 이 부분에 대해서는 그래프를 보며 좀 더 상세히 설명드리도록 하겠습니다.

これにつきましては、グラフを見ながら詳細を
しょうさい

ご説明していきたいと思います。
せつめい

🔵 이 그래프는 새로운 시스템 도입으로 인해 개선된 점을 나타낸 것입니다.

このグラフは、新しいシステムの導入によって
どうにゅう

改善されたということを示したものです。
かいぜん　　　　　　　　　　　　しめ

🔵 이 해결 방안은 많은 이점이 있는 한편 매우 많은 비용이 듭니다.

その解決策には多くのメリットがある一方で、
かいけつさく　　　　　　　　　　　　いっぽう

とても費用がかかります。
ひよう

🔵 이 업계는 매년 8%대 성장률을 보이고 있습니다.

このインダストリーは毎年8％台の成長率を見せています。
せいちょうりつ

● 「インダストリー」는 '업계'라는 의미로 사용됩니다.

🔵 최근, 이커머스 시장의 성장세가 주춤하고 있습니다.

最近イーコマースマーケットの成長率は、伸びが鈍化
さいきん　　　　　　　　　　　　せいちょうりつ　　　の　　　どんか

しています。

● 「伸びが鈍化する」는 '성장세가 주춤하다, 둔화되다'라는 의미입니다.

詳細 자세한 내용　**導入** 도입　**～によって** ~에 의해　**一方** ~하는 한편
成長率 성장률

137

A 요약하자면 우리는 판매 전략을 재검토할 필요가 있다는 점입니다.

B 구체적인 개선책은 갖고 계신가요?

A まとめますと、**我々は販売戦略を見直す必要があるという**
われわれ　　はんばいせんりゃく　み なお
ことです。

B **具体的な改善策はお持ちですか？**
ぐ たいてき　　かいぜんさく

프레젠테이션의 마지막에는 다시 한 번 전체 내용을 요약해서 정리합시다.
「本日お伝えしたのは、一つ目に○○、二つ目に△△、三つ目に□□で
ほんじつ
した(오늘 말씀드린 것은 첫 번째로 ○○, 두 번째로 △△, 세 번째로 □□이었
습니다)」와 같이 간결하게 정리합니다. 마지막으로 의사 결정의 필요성을 한
번 더 강조하면 좋습니다. 또한 「～ということが結論です(~라는 것이 결론
けつろん
입니다)」라고도 표현할 수 있습니다.

🗨 마지막으로 정리하겠습니다.

最後にまとめです。

🗨 결론적으로 시기를 놓쳐서는 안 된다는 것입니다.

結論としましては、時期を逃してはいけないということ
けつろん　　　　　　　　　　　　じき　のが
です。

- 「結論としましては ～ということです」의 형태로 익히면 좋습니다.
  「時期を逃す」는 '시기를 놓치다'라는 뜻입니다.

🗨 발표는 여기까지입니다.

報告はここまでとなります。
ほうこく

- 바꿔 쓸 수 있는 표현으로는 「ここまでといたします」,
  「ここまでとさせていただきます」 등이 있습니다.

🗨 이상으로 발표를 마치겠습니다. 경청해 주셔서 감사합니다.

以上で発表を終わらせていただきます。
い じょう　　はっぴょう
ご清聴ありがとうございました。
　　せいちょう

🗨 빠르게 설명해 드렸습니다만 여기까지가 제가 준비한 내용입니다.

駆け足でのご説明になりましたが、以上が私からの
か　あし　　　　　せつめい　　　　　　　　　　い じょう
プレゼンになります。

- 마음이 급해 말이 빨라졌을 경우에 이렇게 덧붙이는 경우가 많습니다.

戦略 전략　**見直す** 재검토하다　**具体的** 구체적　**改善策** 개선책
清聴 경청, 남이 나의 이야기를 들어 줌

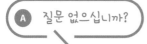

A 질문 없으십니까?

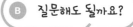

B 질문해도 될까요?

A ご質問ございませんか？
しつもん

B 質問してもよろしいでしょうか。
しつもん

일본어에서는 질문을 이끌어 낼 때「ご質問ございませんか」와 같이 부정문
しつもん
으로 묻는 경우가 많습니다. 이 밖에「ご質問のある方いらっしゃいますか
しつもん
(질문 있으신 분 계신가요?)」,「ご質問どうぞ(질문해 주세요)」등의 표현도
しつもん
알아 둡시다.
질문을 할 때는「質問させていただいてもよろしいでしょうか(질문을 드
しつもん
려도 괜찮을까요?)」,「ご質問してもよろしいでしょうか」,「お伺いしたい
しつもん   うかが
のですが(여쭤보고 싶은데요)」등의 표현을 쓸 수 있습니다.

🗨 질문이 있으시면 부탁드립니다.

ご質問がございましたらお願いいたします。
しつもん

● 「お願いいたします」 대신 「どうぞ」를 써서 간결하게 말해도 됩니다.

🗨 질문 없으시면 다음 의제로 넘어가겠습니다.

ご質疑なければ次のアジェンダに移らせていただきたい
しつ ぎ　　　　　　　　　　　　　　　　　　　うつ
と思います。

🗨 시간 관계상 두 분만 받겠습니다.

時間の関係上、お二方のみとさせていただきます。
かんけいじょう　　　　ふたかた

● 「お二方(두 분)」 외에 「お一方(ひとかた: 한 분)」, 「お三方(さんかた: 세 분)」이라는 말도 함께 알아 둡시다.

🗨 좀 여쭤봐도 될까요?

ちょっとお伺いしてもよろしいでしょうか。
うかが

🗨 신제품 가격에 대한 질문이 맞으신가요?

新商品の価格についての質問でよろしいでしょうか？
しんしょうひん　　　か かく　　　　　　　しつもん

● 「～でよろしいでしょうか」는 어떤 사항을 확인할 때 쓰는 표현입니다.

　　　伺う '듣다, 묻다'의 겸양어　質疑 질문　のみ ～뿐, ～만

질의응답 ②

지역 활성화라는 관점이
필요하다고 생각하는데요….

지적하신 바와 같습니다.
향후 과제로 검토하도록 하겠습니다.

A 地域の活性化という視点も必要かと思いますが…。
ち いき　かっせい か　　　　　　し てん

B ご指摘の通りです。今後の課題として、検討させていただき
し てき　と お　　　こん ご　　か だい　　　　　　けんとう
ます。

「ご指摘の通りです」는 '지적하신 바와 같습니다, 지적하신 대로입니다'라는
し てき　と お
뜻입니다. 질의응답 때는 질문 외에 지적을 받는 경우도 있습니다. 이때는 우
선 상대방의 의사를 존중하는 표현인「ご指摘の通りです」를 서두에 꺼내고
し てき　と お
말을 이어가면 좋습니다.

🔵 그럼, 이쯤에서 질문이 있는데, 꼭 알려 주셨으면 합니다.

**ええと、ひとつ質問がございますが、ぜひ教えて
いただきたいと存じます。**

🔵 이것으로 질문에 대한 충분한 답변이 되었을까요?

これでご質問の答えになっていますでしょうか。

　　● 「答えになっていますでしょうか」는 「回答(かいとう)になっていますか」로 바꿔 쓸 수 있습니다.

🔵 질문 없으시면 발표는 여기에서 마무리하도록 하겠습니다.

ご質問が特になければ、発表を終わりたいと思います。

🔵 자료는 이후에 다시 공유해 드리겠습니다.

**資料につきましては後日改めてシェアさせて
いただきます。**

　　● 날짜가 오늘 이후일 경우에는 「後日」, 가까운 시점일 경우에는 「後(のち)ほど」라고 쓸 수 있습니다.

🔵 시간 관계상 질문을 못 하신 분께서는 이쪽 메일로 연락해 주시기 바랍니다.

**時間の都合上ご発言できなかった方は、こちらのメール
アドレスにご連絡ください。**

地域 지역　**活性化** 활성화　**視点** 시점, 관점　**指摘** 지적　**検討する** 검토하다
～につきましては ～에 대해서는　**発言** 발언

> **A** 잠시 쉴까요?

> **B** 네, 그럼 10분 휴식하고 14시부터 회의를 재개하겠습니다.

A 少し休みませんか？

B はい、では10分休憩し、14時から再開したいと思います。
きゅうけい　　　　　　　　　　　　さいかい

지적 생산성 향상을 위해 휴식은 필수입니다. 인원이 많아질수록 회의 전체 시간도 길어지기 쉽습니다. 그러므로 참가자의 집중력이 흐트러지지 않도록 휴식을 취하도록 합시다.

휴식 시간을 알릴 때는 「○○分休憩し、○○時から再開したいと思います」와 같이 말합니다.

● 그럼, 일단 여기에서 휴식 시간에 들어가겠습니다.

それでは一旦ここで休憩に入ります。

● 「休憩に入る」는 '휴식에 들어가다'라는 의미입니다.

● 14시 30분부터 다시 시작하겠습니다.

14時30分より再開いたします。

● 「再開(재개)」는 회의의 재시작 시간을 알릴 때 흔히 씁니다.

● 로비에 다과가 준비되어 있습니다.

ロビーにお茶とお菓子をご用意しております。

● 준비하는 것이 눈에 보이고 상상 가능한 범위의 물건이면 「用意」를, 준비하는 것이 형태가 없고 범위가 넓은 물건이면 「準備」를 씁니다.

● 편하게 드시면시 담소 나누시기 바랍니다.

ご自由にお召し上がりいただきながら、ご歓談を
楽しんでください。

● 「ご歓談」은 '담소'라는 뜻으로, 비즈니스 상황에서 흔히 쓰입니다.

● 화장실은 복도 끝 오른쪽에 있습니다.

お手洗いは廊下の突き当たりの右側にございます。

休憩 휴식 **再開する** 재개하다 **一旦** 일단, 잠시 **用意する** 마련하다, 준비하다
廊下 복도 **突き当たり** 막다른 곳

마무리하기

Ⓐ 이상으로 회의를 마치도록 하겠습니다.

Ⓑ 수고 많으셨습니다.
훌륭한 발표였습니다.

Ⓐ 以上をもちまして会議を終わらせていただきます。
　 い じょう

Ⓑ お疲れさまでした。素晴らしいご発表でした。
　　　　　　　　 す ば　　　　　 はっぴょう

「以上をもちまして」는 '이상으로'라는 뜻으로, 「以上をもちまして○○を
　 い じょう　　　　　　　　　　　　　　　　　　　　　　　　　　　 い じょう
終わらせていただきます(이상으로 ○○을 마치겠습니다)」의 형태로 자주
쓰입니다.

🟢 그럼, 이상으로 제4차 정기 총회를 종료하겠습니다.

では、以上をもちまして第4回定期総会を終了いたします。
ほんじつ 　 　 　 　 　 　 　 　 てい き そうかい　　しゅうりょう

● 앞서 배운「以上をもちまして○○を終わらせていただきます」말고도
「以上をもちまして○○を終了いたします」형태로도 잘 쓰입니다.

🟢 오늘 세미나는 여기까지입니다.

本日のセミナーはここまでとなります。
ほんじつ

🟢 오늘 회의록은 정리되는 대로 메일로 송부해 드리겠습니다.

本日の議事録はまとまり次第メールでお送りいたします。
ほんじつ　　ぎ じ ろく　　　　　　　 し だい

🟢 잊으신 물건 없도록 주의해 주시기 바랍니다

お忘れ物などなさいませんようにお気を付けください。

🟢 아울러 오늘 포럼은 리셉션이 준비되어 있습니다.

なお、本日のフォーラムでは、レセプションを用意して
ほんじつ　　　　　　　　　　　　　　　　　　　　　　よう い
おります。

●「レセプション」은 '만찬, 석식, 회식, 간담회' 등을 총칭해서 쓸 수 있습니다.

定期総会 정기 총회　**終了** 종료　**議事録** 의사록, 회의록　**～次第** ~하는 대로, ~하자마자
なお 또한, 더욱이　**レセプション** 리셉션, 환영회

147

B 죄송합니다. 이쪽 인터넷 상태가 안 좋아서요.

A 목소리가 중간중간 들리지 않네요.

A 声がところどころ聞こえませんね。
　こえ

B すみません、こちらのネット環境がよくないようです。
　　　　　　　　　　　　　　かんきょう

「ところどころ」는 직역하자면 '여기저기'라는 뜻인데, 여기서처럼 「声がところどころ聞こえない」라고 하면 '목소리가 중간중간 들리지 않는다'라는 의미로 쓰입니다. 같은 상황에서 「声が途切れる」로 바꿔 쓸 수도 있습니다.

148

🔵 마이크 상태가 안 좋은 것 같아요.

マイクの調子がよくないみたいです。
ちょうし

- 「〜の調子(〜의 상태)」를 활용해 「Wi-Fiの調子(와이파이 상태)」,
「音の調子(음성 상태)」 등으로 말할 수 있습니다.

🔵 죄송한데 한 번 더 말씀해 주실 수 있나요?

すみませんが、もう一度お願いできますか?

🔵 '11일' 다음이 끊겨서 들려요.

「11 日」のあと、途切れてしまいまして。
とぎ

- 소리가 끊길 때 「途切れ途切れになっています (띄엄띄엄 들립니다)」라는 표현도 쓸 수 있습니다.

🔵 앱에 다시 접속해 보겠습니다.

アプリを再起動してみます。
さいきどう

- 「再起動」는 '재접속'이라는 의미입니다. 같은 상황에서 「アプリに入り直します」로 바꿔 쓸 수 있습니다.

🔵 이 링크로 접속 부탁드립니다.

こちらのリンクにアクセスお願いいたします。

環境 환경 **途切れる** 중단되다, 도중에 끊어지다 **調子** 상태 **アプリ** (스마트폰) 앱
アクセス 접속, 접근

ⓐ スライド資料が見えますでしょうか。
　　し りょう

ⓑ はい、よく見えてます。

회의 중에 화면을 통해 자료 등을 다른 사람에게 공유했을 때는 「資料が見え
ますでしょうか」 또는 「資料が見えてますでしょうか(자료가 보이시나
요?)」 등의 표현을 활용해 상대에게 잘 보이는지 물어봅시다. 같은 의미의 다
른 표현으로는 「資料が映ってますでしょうか」가 있습니다. 답을 할 때는
질문 그대로 「見えてます(보입니다)」라고 말하면 됩니다.

● 화면을 공유하겠습니다.

画面共有いたします。
が めんきょうゆう

● 화면이 멈췄습니다.

画面がフリーズしています。
が めん

- 같은 상황에서 「画面が止まっています」라고도 말할 수 있습니다.

● 음소거가 되어 있는 것 같습니다.

ミュートになっているようです。

● 질문이나 발언은 채팅창으로 부탁드립니다.

質問やコメントはチャットでお願いします。
しつもん

● 죄송합니다. 다음 회의 때문에 먼저 나가 보겠습니다.

すみません、次の会議があって、先に退室します。
たいしつ

- 원격 회의에서 나간다는 표현은 「退室」를 활용해 말할 수 있습니다.

 映る 비치다 **共有** 공유 **退室** 퇴실, 방에서 나가다

PART

09

계약과 협상

거래 제안
협업 제안을 드리고 싶은 건이 있어 연락드렸습니다

가격 조정
금액을 낮춰 주시면 안 될까요?
그만큼 오래 갑니다

납기 조정
일정상 어렵습니다

답변 미루기
오늘내일 중으로 답변드리겠습니다

재확인
기한을 다시 연장한다는 말씀이신 거지요?

수락
가격 조정안에 대해서 이해했습니다
접수하도록 하겠습니다

거절 · 보류
이번에는 보류하고자 합니다
신중하게 검토한 결과 보류하기로 결정되었습니다

동의 · 동조
전적으로 같은 생각입니다
이의 없습니다

반대
확실히 그렇게 말씀하시는 분도 계시지만
외람되오나 저는 그렇게 생각하지 않습니다

의문 제기
확인차 상세 내역을 알려 주실 수 있을까요?
그 산출 근거가 궁금합니다

거래 제안

B 협업 제안을 드리고 싶은 건이 있어 연락드렸습니다.

A 무슨 용건이신가요?

A どのようなご用件でしょうか。
　　　　　　ようけん

B ぜひ何かご協力させていただけることがあるのではないかと
　　　　　　きょうりょく
　　思い、ご連絡させていただきました。
　　　　　れんらく

「用件」은 '볼일, 할 일, 전할 일'을 뜻하는 말입니다. 여기에 「ご」를 붙임으로
　ようけん
써 정중한 표현이 됩니다. 「どのようなご用件でしょうか」 대신 「ご用件は
　　　　　　　　　　　　　　　　　　　ようけん　　　　　　　　　　ようけん
何でしょうか(용건은 무엇입니까?)」로 표현할 수도 있습니다. 「ご協力させ
　　　　　　　　　　　　　　　　　　　　　　　　　　　　　　　きょうりょく
ていただけることがあるのではないかと思い、」는 신규 거래 검토를 요청
할 때 쓰는 표현으로, 「ご協力できることがあると思って」의 정중한 표현
　　　　　　　　きょうりょく
입니다. 이에 이어서 관련 실적을 설명하고 「ご検討いただけますと幸いで
　　　　　　　　　　　　　　　　　　　　　けんとう　　　　　　さいわ
す(검토해 주시면 감사하겠습니다)」라는 말도 덧붙입시다.

🔵 인터넷 관련 서비스 업체에서 당사 제품을 다수 도입하고 계십니다.

インターネットに付随したサービス業界のお客様に
弊社製品を多数導入いただいております。

🔵 당사에서는 인터넷상의 통신 장애를 최대 80% 개선한 실적이 있습니다.

弊社では、インターネットで起きる通信障害を最大80％
改善した実績がございます。

● 「〜した実績がございます」는 회사의 실적을 소개할 때 유용한 문형입니다.

🔵 혹시 유사한 과제를 안고 계시다면 직접 설명드리고 싶습니다.

もし同様の課題をお持ちであれば、直接ご説明させて
いただきたく存じます。

● 「〜させていただきたく存じます」는 '〜해 주길 바란다'는 의미를 가진
「〜したいと思います」의 정중한 표현입니다.

🔵 귀시의 해외 사업에 당사 상품이 도움이 되지 않을까 하여 연락드렸습니다.

御社の海外事業において弊社の商品がお役に立てるの
ではないかと思い、ご連絡いたしました。

🔵 1대라도 좋으니 일주일만 샘플을 거치하도록 해 주실 수 없을까요?

1台でかまいませんので、1週間サンプルとして置かせて
いただけないでしょうか。

協力する 협력하다　付随 관련됨　障害 장애, 방해　実績 실적　同様 같음
事業 사업　〜において 〜에 대해서　かまわない 상관없다

B 저희로서도 이번 가격이 마지노선입니다.

A 말씀드리기 어렵지만 합계 금액을 100만 이하로 낮춰 주시면 안 될까요?

A 心苦しいのですが、合計金額を100万以下に抑えていただけ
ないでしょうか。

B 弊社におきましても今回の価格がぎりぎりの線でございます。

「心苦しいのですが」는 곤란한 화제를 꺼낼 때 쓸 수 있는 표현입니다. 이 대신 「社内で検討を重ねましたが(사내에서 거듭 검토했으나)」라는 말도 쓸 수 있습니다. 「~以下に抑えていただけないでしょうか」 앞에 희망 금액을 붙여 말합니다. 「金額を下げていただけませんか(금액을 내려 주시겠습니까?)」처럼 직접적으로 말할 수도 있습니다. 상대의 요청을 거절할 때는 앞에서 배운 완곡 표현으로 운을 뗀 다음 본론을 말합니다. 여기서 「ぎりぎりの線」은 '아슬아슬한 선', 즉 '마지노선'을 말합니다.

● 예산 관계상 이 가격으로 발주하는 것은 매우 어렵습니다.

予算の都合上、この価格での発注は非常に厳しい
よ さん　　つ ごうじょう　　　　　　　　　　　はっちゅう　　ひ じょう
状況です。
じょうきょう

● 그렇다면 10% 할인은 어떻습니까?

それでは、10%ディスカウントということではいかが
でしょうか。

> ● 「いかがでしょうか」는 「どうですか(어떻습니까?)」의 정중한 표현입니다.

● 견적 가격보다 10% 정도 가격 인하를 해 주실 수 없으신가요?

見積もり価格より、10%ほど値引きしていただけない
み つ　　　　　　　　　　　　　　　　　ね び
でしょうか。

> ● 「値引き」는 '가격 인하'라는 뜻으로, 「ディスカウント(할인)」로 바꿔 쓸 수 있습니다.

● 그 정도로 말씀하신다면 한번 확인해 보겠습니다.

それほどおっしゃるのでしたら、一度確認させて
かくにん
いただきます。

● 솔직히 이 이상의 가격 인하는 저희로서는 어렵습니다.

正直申しまして、さらなる値引きは、私どもに
しょうじきもう　　　　　　　　　　ね び　　　　　　わたくし
とりましては厳しいものでございます。

合計 합계　**金額** 금액　**予算** 예산　**発注** 발주　**状況** 상황　**さらなる** 한층 더
〜にとりまして 〜에 있어〈〜にとって의 정중한 표현〉

A 가격이 너무 비싼데요.

B 그만큼 오래 갑니다. AS에도 만전을 기하고 있어서 유지 보수 수고를 덜 수 있습니다.

A 価格が高すぎますね。
かかく

B その分、長持ちします。アフターサービスも万全ですので、
　　ぶん　　ながも　　　　　　　　　　　　　　　　　　ばんぜん
　　メンテナンスの手間が省けます。
　　　　　　　　　てま　はぶ

물건의 만듦새가 좋아 오래 쓸 수 있을 때 「長持ちする(오래가다)」라고 합니
　　　　　　　　　　　　　　　　　　　　　ながも
다. 한국어에서는 동사의 형태로 '만전을 기하다'라고 흔히 쓰지만, 일본어에
서는 명사의 형태로 쓰기도 합니다. 「〜も万全ですので」는 '(빈틈없이) 잘 되
　　　　　　　　　　　　　　　　ばんぜん
어 있다'라는 의미로 쓰입니다. 「手間が省ける」는 '수고가 절감되다'라는 뜻
　　　　　　　　　　　　　てま　はぶ
입니다.

💬 제시해 주신 제품 가격에서 15% 할인으로는 고객 확보가 어렵다고 생각합니다.

ご提示いただいておりました製品価格から15％
ディスカウントでは顧客獲得は厳しいと思います。

💬 가격 할인을 다시 검토하는 것을 부탁드리고자 합니다.

ディスカウントの再検討をお願いしたく思っております。

● 앞에는 정중하고 완곡하게 표현하기 위해 「大変恐縮(きょうしゅく)ではございますが
(대단히 송구하오나)」를 붙여 말합니다.

💬 저희 측 희망으로는 20% 할인을 검토해 주시면 감사하겠습니다.

希望といたしましては20％ディスカウントを検討して
いただけますと幸いです。

● 보다 정중하게 표현하고 싶을 때는 「幸いに存じます(감사하게 생각합니다)」라고 말합니다.

💬 귀사의 상황에는 이 플랜이 어떠실까 합니다.

御社のご状況では、こちらのプランがよろしいのでは
ないかと存じます。

● 여기서 플랜은 요금표, 서비스 유형 등을 말합니다.

💬 귀사와 지속적인 관계를 이어 나가고자 함이오니 이번에는 저희 사정을 헤아려 주시길 바랍니다.

継続的なお取引も考えておりますので、事情ご考慮の
うえ、ご理解いただけますと幸いです。

万全 만전　**メンテナンス** 유지, 관리　**手間** 품, 수고　**省く** 줄이다, 덜다　**顧客** 고객

獲得 획득, 얻어 냄　**再検討** 재검토　**継続** 계속　**考慮** 고려

B 제시하신 8월 6일은 일정상 어렵습니다.

A 어제 전달해 드린 납기 일정 건은 어떻게 되었나요?

A 昨日お伝えした納期の件はどうなっているでしょうか。
さくじつ のうき けん

B ご提示いただいた8月6日ではスケジュールの都合上、厳しい
ていじ つごうじょう きび

日程となっております。
にってい

「どうなっているでしょうか」는 진행 상황을 물어볼 때 유용한 표현입니다. 「どうなりましたでしょうか(어떻게 되었습니까?)」로 바꿔 쓸 수도 있습니다. 납기 일정이 촉박할 때 「スケジュールの都合上厳しい」라는 표현을 활용할 수 있습니다. 또한 문장 앞에 「誠に恐縮ではございますが(대단히 죄송하오나)」라는 말을 덧붙여 더욱 정중하게 표현할 수도 있습니다.
まこと きょうしゅく

🟢 5월 31일인 납기일을 6월 15일로 연기해 주실 수 있으실지요.

5月31日の納期を6月15日に延期していただけない
のうき　　　　　　　　えんき
でしょうか。

　　● 문장 앞에 「誠に心苦しいですが(참으로 말씀드리기 어렵지만)」와 같은 표현을 통해 완곡하게 말합니다.

🟢 저희 쪽 사정이라 송구하오나 일정 변경을 부탁드릴 수 있을지요.

誠に勝手なお願いで恐縮なのですが、日程の変更を
まこと　かって　　　　　　きょうしゅく　　　　　　にってい　へんこう
お願いすることは可能でしょうか。
　　　　　　　　か のう

　　● 「～そうにない」는 가능성이 희박하다는 의미를 담고 있습니다.

🟢 서둘러 생산하겠지만 납기일인 2월 20일에는 도저히 맞추기 어렵습니다.

急いで生産いたしますが、納期の2月20日には間に合い
　　せいさん　　　　　　　　のうき　　　　　　　　ま あ
そうにない状況です。
　　　　じょうきょう

　　● 「～そうにない」는 가능성이 희박하다는 의미를 담고 있습니다.

🟢 흔쾌히 납기일을 조정해 주셔서 대단히 감사합니다.

快く納期をご調整いただきまして、誠にありがとう
こころよ　のうき　　ちょうせい　　　　　　まこと
ございます。

　　● 「快く～いただきまして」는 '흔쾌히 ～해 주셔서'라는 의미의 문형입니다.

納期 납기, 납입 기한, 출하일, 납품일　**提示** 제시　**延期** 연기　**生産** 생산
間に合う 시간에 대다　**快く** 기분 좋게, 흔쾌히

답변 미루기

A 가능한 빨리
답변을 받고 싶습니다만….

B 그 건과 관련해서는
오늘내일 중으로 답변드리겠습니다.

A できるだけ早くお返事をいただきたいのですが…。

B その件に関しましては一両日中にはお返事差し上げます。
　　けん　かん　　　　　　　　いちりょうじつちゅう　　　　　さ　あ

그 자리에서 즉시 답변하기 어려운 내용이나 내부에서 추가로 확인이 필요한
경우 활용할 수 있는 표현입니다.
「できるだけ早く」는 '가능한 한 빨리'라는 의미입니다.
「お返事差し上げます(답변드리겠습니다)」에서 「お返事(답변)」는 「ご連絡
(연락)」,「お電話(전화)」,「メール(메일)」 등으로 바꿔 쓸 수 있습니다.

● 우선 내부적으로 검토하겠습니다.

一旦、社に持ち帰って検討いたします。
いったん　　も　かえ　　けんとう

● 「社に持ち帰って」는 직역하면 '회사로 가지고 돌아가서'라는 뜻으로, '내부적으로'라는 의미의 관용구입니다.

● 검토 후에 답변드리겠습니다.

検討の上、ご回答させていただきます。
けんとう　　うえ　　　かいとう

● 대단히 죄송하오나 내일 다시 답변드려도 될지요.

大変申し訳ありませんが、明日改めてお返事しても
たいへんもう　わけ　　　　　　みょうにちあらた

よろしいでしょうか。

● 이 건에 관해서는 상사와 상의한 후 답변드리겠습니다.

この件に関しましては、上司と相談して回答いたします。
けん　かん　　　　　　じょうし　そうだん　　かいとう

● 「上司(상사)는 「上(うえ)の者(もの)」, 「上長(じょうちょう)」로 바꿔 쓸 수 있습니다.

● 저 혼자 결정하기 어렵습니다.

私の一存では決めかねます。
わたくし　いちぞん　　き

● 여기서 「一存」은 혼자만의 판단을 말합니다. 문장 뒤에 「後日必ずお答え申し上げます
(나중에 꼭 말씀드리겠습니다)라고 이어 말할 수 있습니다.

 ～に関しまして ～에 관해서　一両日 하루 이틀　持ち帰る 가지고 가다
回答する 회답하다, 답하다　上長 손윗사람　～かねる ～하기 어렵다

Ⓐ 기한을 다시 연장한다는 말씀이신 거지요?

Ⓑ 네, 맞습니다.

Ⓐ 期限を再延長するということでよろしいでしょうか。
き げん　　さいえんちょう

Ⓑ はい、間違いありません。

「~ということでよろしいでしょうか」는 상대방에게 어떠한 사실이나 결과를 확인할 때 쓰는 표현으로, '~라는 말씀이 맞으실까요?', '~라고 말씀하신 것이 맞으십니까?'라는 의미입니다. 상대에게 「合ってますか(맞나요?)」라고만 하면 실례되니 정중하게 말하도록 합시다. 「間違いない(틀림없다)」를 활용해 공손하게 「間違いありません」, 「間違いございません」으로 말할 수 있습니다.

💬 의뢰 내용은 투자가 맞으실까요?

ご依頼の内容は、投資ということで間違い
ございませんか？

> ●「間違いございませんか」는「よろしいでしょうか」대신 쓸 수 있는 표현입니다.

💬 만약 저희가 잘못 알고 있다면 알려 주세요.

どうぞ、私どもに認識違いがあれば教えてください。

> ●「認識違い」는 '오해, 잘못 알고 있음, 인식의 간극' 등을 의미합니다.

💬 바로 이해를 못 해서 죄송합니다.

理解が追いつかず申し訳ありません。

> ● 정보가 많아서 나의 이해력이 미처 따라가지 못할 때「理解が追いつかない」라고 표현합니다.
> 같은 상황에서「追いつかず」대신「足りずに」를 써도 됩니다.

💬 한 번 더 말씀해 주실 수 있을까요?

もう一度よろしいですか？

💬 정확한 답변을 드리고 싶은데, 한 번 더 질문 내용을 알려 주실 수 있으신가요?

正確にお答えしたいので、もう一度質問の内容を教えて
いただけますでしょうか。

期限 기한　**延長する** 연장하다　**依頼** 의뢰, 부탁　**投資** 투자, 출자　**認識** 인식

A 가격 조정안에 대해서 이해했습니다.

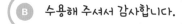

B 수용해 주셔서 감사합니다.

A 価格調整について承知しました。
かかくちょうせい　　　　しょうち

B 受け入れてくださり、ありがとうございます。
　　う　　い

상대의 제안 혹은 요청에 대해 수락할 경우 「~について承知しました(~에
대해 이해했습니다)」와 같이 말할 수 있습니다. 「受け入れる(받아들이다)」
외에 「お受けする(받아들이다)」, 「受諾(수락)」, 「承諾(승낙)」 등의 표현도
함께 알아 두면 좋습니다.

💬 긍정적인 답변을 드리고자 합니다.

前向きにお答えしたいと存じます。
まえ む　　　　　　　　　　　　ぞん

- 「前向き」는 '긍정적, 적극적'이라는 뜻으로, 「前向きにお答えする」는 알겠다는 의사를 우회적으로 나타낸 표현입니다.

💬 납품 기일 변경 건은 이해했습니다.

納品期日を変更するとのこと、承知いたしました。
のうひん き じつ　　へんこう　　　　　　　　　　しょう ち

- 상대의 요청을 수락할 때는 요청 내용을 반복해 말한 뒤 「〜とのこと承知いたしました」를 붙여 답합니다.

💬 본 건에 대해서는 흔쾌히 받아들이겠습니다.

本件につきましては、喜んでお受けします。
ほんけん　　　　　　　　　　　　　　　　う

💬 의뢰에 부응해 수락하고자 합니다.

ご依頼にそって承諾させていただきたいと存じます。
い らい　　　　しょうだく　　　　　　　　　　　　　ぞん

- 「承諾させていただく」는 「ご承諾申し上げます」로 바꿔 쓸 수 있습니다.

💬 일전에 상담해 주신 건과 관련해 승낙의 말씀을 드립니다.

先日ご相談いただいた件について、ご承諾申し上げます。
せんじつ　　そうだん　　　　　　　　けん　　　　　　しょうだくもう　あ

価格 가격　**調整** 조정　**承知** 알아들음, 동의　**納品** 납품　**期日** 기일, 정해진 날짜
依頼 의뢰　**〜にそって** 〜에 부응하여

B 상세 내용은 나중에 메일로 송부해 드리겠습니다.

A 지난달에 말씀해 주신 의뢰 건은 접수하도록 하겠습니다.

A 先月お話しいただいた依頼の件ですが、お受けすることに
いたします。

B 詳細につきましては、後日メールをお送りいたします。

「お受けします」는 상대방의 의뢰나 제의에 대해 동의하는 뜻을 전하는 말입니다. 「~することにいたします(~하는 것으로 하겠습니다)」라는 표현으로 자신의 결정 사항을 표현할 수 있습니다. 「詳細につきましては」는 '상세 내용·세부 사항에 관해서는'이라는 의미입니다.

● 지난번의 예약 건은 확인했습니다.

先日のご予約について、確かに承りました。
せんじつ　　　　　　　　　　　　　　　たし　　うけたまわ

- 「承りました」는 상대방의 이야기나 의향, 의뢰를 확인하여 승낙했다는 의미입니다.

● 말씀해 주신 거래 건은 이쪽에서 진행하겠습니다.

お話しいただいたお取引の件ですが、こちらで
　　　　　　　　とりひき　けん

お引き受けします。
　ひ　う

● 다만 배송료 포함 200만 엔이라면 받아들이겠습니다.

ただし、送料込みで200万円であれば、対応させて
　　　　　そうりょうこ　　　　　　　　　　　　たいおう

いただきます。

- 이는 조건부 수락을 할 때 쓸 수 있는 표현으로, 문장 앞에는 「ご希望の金額はお受けしかねる状況です
（희망 금액에 맞추기는 어렵습니다）」 등의 표현이 옵니다.

● 내부적으로 검토한 결과 원하시는 가격으로 진행하기로 결정하였습니다.

社内で検討いたしました結果、ご希望の価格にて
しゃない　けんとう　　　　　　　　　　　きぼう

お受けすることが決定いたしました。
　　　　　　　　けってい

● 다름 아닌 귀사의 요청이라 수락하게 되었습니다.

ほかならぬ貴社からのご要望ということもあり、
　　　　　きしゃ　　　　　ようぼう

お引き受けした次第です。
　ひ　う　　　しだい

- 상대의 요청을 어렵게 수락을 한 경우 사용할 수 있는 표현입니다.

 依頼 의뢰　**後日** 후일, 뒷날　**ただし** 단, 다만　**対応する** 대처하다, 대응하다
ほかならない 다름 아닌　**要望** 요망, 요청　**次第** (~할) 따름

B 알겠습니다.
귀한 시간 내 주셔서 감사합니다.

A 대단히 죄송합니다만 당사 경비 절감 문제로
이번에는 보류하고자 합니다.

A **大変恐縮ではございますが、当社経費削減のため、**
たいへんきょうしゅく　　　　　　　　　　とうしゃけい ひ さくげん
見送らせていただきます。
み おく

B **分かりました。貴重なお時間をいただきありがとう**
き ちょう
ございます。

「今回は見送らせていただきます」는 계획 중단을 알리거나 제안을 거절할
み おく
때 쓸 수 있는 매우 정중한 표현입니다. 비슷한 말로는 「見合わせる(미루다,
み あ
보류하다)」가 있습니다. 이 때 실제로 실행 단계에 접어들었으나 보류하는 경
우는 「見合わせる」, 아직 계획 단계인 경우는 「見送る」를 씁니다.
み あ　　　　　　　　　　　　　　　　　　　　　　み おく

대단히 안타깝지만 본 상품은 가격 인하 대상이 아닌 상품입니다.

誠に残念ながら、こちらは値下げ対象外の商品となって
おります。

● 가격 협상 시 쓸 수 있는 거절 표현으로, 이와 같이 부정문이 아니라 긍정문으로 표현하면 더욱 부드럽게 느껴집니다.

이 제품은 신상품이어서 현시점에서는 가격 인하를 검토하고 있지 않습니다.

こちらは新商品のため、現時点での値下げは検討して
おりません。

● 이 문장에 이어 「ご了承(りょうしょう)くださいませ(양해해 주십시오)」를 덧붙여 말하면 좋습니다.

대단히 송구하오나 진행이 불가합니다.

大変恐縮ではございますが、お引き受けいたしかねます。

● 「お引き受けいたしかねる」는 '수락할 수 없다'라는 의미로, 「〜(いた)しかねる」와 「できない」는 같은 의미임을 기억합시다.

현재 여러 프로젝트가 동시에 진행되고 있는 관계로 진행이 어려운 상황입니다.

現在、進行中のプロジェクトを多数抱えている都合上、
進行が困難な状況です。

일부러 제안해 주셨는데 죄송합니다.

せっかくご提案いただきましたのに、申し訳ございません。

経費 경비　削減 삭감　貴重だ 귀중하다　対象 대상　検討 검토
〜かねる 〜하기 어렵다　進行 진행　困難 곤란

171

B 뭔가 도와드릴 일이 있으면 편하게 말씀해 주세요.

A 내부적으로 신중하게 검토한 결과 이번에는 보류하기로 결정되었습니다.

A 社内にて慎重に検討しました結果、今回は見送らせて
　　しゃない　　しんちょう　けんとう　　　　　　　けっか　　　　　　　　　　みおく
いただくこととなりました。

B 何かご協力できることがございましたら、遠慮なく
　　　　きょうりょく　　　　　　　　　　　　　　　　　　えんりょ
お申し付けください。
　もう　つ

「お申し付けください」는 직역하면 '명령만 내려 주십시오'입니다. 문장 앞
　　もう　つ
에「何なりと(무엇이든지)」를 붙여 쓰는 일이 많습니다. 이는 높임의 정도가
높은 표현으로, 서비스 업계에서 많이 사용됩니다. 한편으로는 거리감을 느끼
게 하는 표현이므로 같은 회사 사람에게는 쓰지 않으며, 어느 정도 관계를 맺
어 온 사이라면「おっしゃってください」라고 말하는 것이 무난합니다.

● 현재 인원 부족으로 대응이 어려워서 이번에는 도입을 보류하게 되었습니다.

**現在のところ人員の不足により対応が難しく、今回は
導入を見合わせることになりました。**
げんざい　　　　　　じんいん　ふ そく　　　　　たいおう
どうにゅう　　み あ

● 비용 측면에서 결론이 나지 않아서 금번에는 보류하게 되었습니다.

**費用の面で折り合いがつかず、今回は見合わせることに
なりました。**
ひ よう　　　お あ　　　　　　　　　　　み あ

● 「折り合い(타협)」는 「〜の面で折り合いがつかず(〜한 측면에서 타협점을 찾지 못하여)」의 형태로 쓰입니다.

● 본의 아니게 요청에 부응하지 못하게 된 점 너른 양해 부탁드립니다.

**誠に不本意ですが、ご要望に添えず、どうかご了承
くださいませ。**
まこと　ふ ほん い　　　　　　ようぼう　そ　　　　　　　　　りょうしょう

● 「不本意」는 '본의 아니게' 라는 뜻으로, 「不本意ですが」, 「不本意ながら…」의 형태로 씁니다.

● 요청에 부응하지 못한다는 답을 드려 죄송합니다.

ご希望に添えない内容となり申し訳ございません。
き ぼう　そ　　　　ないよう　　　　もう　わけ

● 또 기회가 있다면 꼭 부탁드리고 싶습니다.

**また機会がございましたら、ぜひお願いできればと
思います。**
き かい

● 반대로 상대방에게 제안을 받은 경우 '부탁드리고 싶습니다' 대신 「お声がけいただけますと幸いです
(말씀해 주시면 감사하겠습니다)」라고 말할 수 있습니다.

慎重に 신중하게　**申し付ける** (윗사람이 아랫사람에게) 명령하다　**人員** 인원
折り合い 타협　**要望** 요청　**どうか** 부디, 아무쪼록　**了承** 양해

A 지역 공헌에도 눈을 돌려야 하지 않을까요?

B 전적으로 같은 생각입니다.

A 地域貢献にも目を向けるべきではないでしょうか。
ち いきこうけん　　　　め　む

B 全く同感です。
まった　どうかん

상대의 말에 동의하는 간단한 표현으로 「全く同感です」를 쓸 수 있으며 비
즈니스 상황에서는 「全くもって同感です(전적으로 동감합니다)」라는 표현
도 종종 사용합니다. 참고로 일반적인 회화에서 자주 쓰이는 「なるほど」, 「ま
あ、そうですね(뭐, 그렇네요)」, 「本当ですか(정말인가요?)」 등의 표현은
비즈니스 상황에서는 상대에게 실례가 될 수 있음을 알아 둡시다.

● 말씀하신 대로입니다.

確かにおっしゃる通りだと思います。
たし

   ● 「おっしゃる通りです」만으로도 표현할 수 있습니다.

● 지당하신 말씀이십니다.

ごもっともでございます。

   ● 「おっしゃる通りです」와 같은 의미입니다.

● 귀사의 계획에 대찬성입니다.

御社の計画に大賛成です。
おんしゃ　　けいかく　　だいさんせい

● 「大賛成」를 「大いに賛成」로 바꿀 수 있으며, 「です」를 「でございます」로 바꾸면 더 정중하게 느껴집니다.

● 매우 이해하기 쉬운 설명이었습니다.

とても分かりやすいご説明でした。

● 많이 배웠습니다.

勉強になりました。

   ● 상대의 의견에 찬성한다는 말을 겸손하게 우회적으로 표현할 때 사용합니다.

地域 지역　**貢献** 공헌, 이바지　**目を向ける** 관심을 주다, 눈길을 주다　**同感** 동감
もっとも 지당함, 지극히 당연함

B 본 건에 대하여 저희 쪽에서는 이의 없습니다.

A 공장 반응은 어떨지요?

A 工場の反応はいかがでしょうか？
　　はんのう

B 本件に関して、当方からは異論ございません。
　ほんけん　　かん　　　　　とうほう　　　　　い ろん

상대의 의견이나 제안에 대해 반대 의견이 없으며 그 의견을 승낙하거나 동의할 때「異論ない(이의 없다)」라는 표현을 활용해「異論ございません(이의 없습니다)」라고 말할 수 있습니다.「異論」보다 더욱 격식 있는 표현은「異存(반대 의견, 이의)」으로, 이는 윗사람이나 외부인에게 쓰기에 적합합니다. 마찬가지로 상대의 의견에 동의할 때「異存」을 활용하여「異存ございません(이의 없습니다)」라고 말하면 됩니다.

💬 하시모토 부장님께서 제안하신 안에 대해 이의 없습니다.

橋本部長が提案した案に異存ございません。
はしもと ぶ ちょう　　 ていあん　　　　　 い ぞん

💬 이의 없습니다.

相違ございません。
そう い

- ●「相違」는 두 가지 사이에 차이가 있는 것을 의미하는데 상대와 내 의견에 차이가 없을 때,
  즉 찬성하는 의견을 나타낼 때 씁니다.

💬 저도 같은 생각입니다.

私も同じ考えでございます。
わたくし

💬 미국과 유럽 시장 진출은 신중하게 결정하겠다는 귀사의 생각을 강력하게 지지합니다.

欧米マーケットは慎重に参入するという御社の考えを
おうべい　　　　　　 しんちょう　 さんにゅう　　　　 おんしゃ

強く支持いたします。
　　 し じ

- ●「強く支持いたします(강력하게 지지합니다)」를 동조하는 의미로 쓸 수 있습니다.
  문장 앞에 「～という(～라고 하는)」를 붙여 상세한 내용을 설명해도 좋습니다.

💬 제안해 주신 대로 이 일정으로 검토를 진행하겠습니다.

ご提案いただいた通り、この日程で検討を進めさせて
　 ていあん　　　　　　　　　　　　　　 にってい　　 けんとう

いただきます。

- ●「ご提案いただいた通り」는 상대가 제안한 바를 따라서 그대로 하겠다는 의미이므로
  그 자체로 동의한다는 의미를 지닙니다.

当方 이쪽, 우리 쪽　**相違** 다름, 틀림　**欧米** 미국과 유럽　**慎重に** 신중하게
参入する (사업 등에) 참여하다, 진입하다　**支持する** 지지하다

> **A** 세대 차이로 인한 문제는 아닐까요?

> **B** 확실히 그렇게 말씀하시는 분도 계시지만 제 생각은 조금 다릅니다.

A 世代の違いによる問題ではないでしょうか。
せ だい

B 確かに、そうおっしゃる方もおられますが、**私の考えは少し**
たし　　　　　　　　　　　　かた　　　　　　　　　わたくし

違います。

상대와 의견이 다를 때 「私の考えは少し違います」와 같이 상대의 의견에 바로 반론하기 보다는 「確かに、そうおっしゃる方もおられますが(확실히 그렇게 말씀하시는 분도 계시지만)」와 같은 표현을 활용해 완곡하게 말하는 것이 좋습니다.

제 생각은 조금 다릅니다만 괜찮으시다면 들어 주실 수 있으신가요?

私の考えはちょっと違うのですが、よろしければ聞いて
いただけますか？

● 「よろしければ聞いていただけますか」를 통해 완곡하게 표현할 수 있습니다.

제가 잘못 생각한 것일 수 있습니다만 확인해 주실 수 있으신가요?

私の思い違いかもしれませんが、ご確認いただけますか？
　　おも　　ちが　　　　　　　　　　　　　　　　かくにん

● 「思い違い」는 '틀린 생각, 오해, 착각'을 말합니다.

말씀하시는 바는 잘 알고 있지만

おっしゃることは重々承知しておりますが
　　　　　　　　じゅうじゅうしょうち

● 「おっしゃることは分かりますが(무슨 말씀인지는 알겠지만)」보다 더 정중한 표현으로,
상대의 상황은 잘 알고 있지만 그럼에도 그에 반대하는 의견을 전해야 할 때 유용합니다.

지당하신 의견이지만 참가자가 모이지 않으면 어렵지 않을까요?

ご意見はごもっともですが、参加者が集まらなければ
　　　　　　　　　　　　　　さんかしゃ
難しいのではないでしょうか。

일리 있는 의견이라고 생각하지만

ご意見なるほどとは思いますが

世代 세대, 연령층　重々 아주 잘, 충분히　承知 알아들음

A シニア層には間違いなく刺さると確信しております。
そう　　　　　　さ　　　　かくしん

B お言葉を返すようですが、私にはそうは思えません。
こと ば　　　かえ

「刺さる」는 '뾰족한 것에 찔리다'라는 뜻 외에 '와닿다, 큰 충격을 느끼다, 감
명을 받다'라는 의미로 쓰입니다.
「お言葉を返すようですが」는 반론할 때 매우 흔히 사용되는 표현입니다. 직
역하자면 '말을 돌려 드리는 것 같으나'라는 뜻으로, 한국어에서는 종종 '말대
답하는 것 같지만'으로 해석하기도 하지만 이 해석과 달리 일본어에서는 크게
부정적인 어감은 없습니다. '외람되오나' 정도의 의미로 생각하면 됩니다.

💬 외람되오나 지난번 말씀과 내용이 너무 다른데요.

お言葉を返すようですが、先日のお話とは内容が
_{ことば} _{かえ} _{せんじつ} _{ないよう}
違い過ぎますが。

💬 저희가 원하는 것과 귀사가 원하는 것에는 간극이 있는 것 같습니다.

弊社が求めるものと御社が求めるものには、ギャップが
_{へいしゃ} _{もと} _{おんしゃ} _{もと}
あるようです。

> ●「AとBにはギャップがある」의 형태로 표현하는데, 여기서 「ギャップ」는
> 「距離(거리)」, 「隔(へだ)たり(거리)」와 바꿔 쓸 수 있습니다.

💬 당사로서는 이 점만큼은 타협할 수 없습니다.

弊社といたしましてはこの点だけは妥協するわけには
_{へいしゃ} _{だきょう}
参りません。
_{まい}

> ●「~わけには参りません」은 「~わけにはいかない」를 정중하게 표현한 것입니다.

💬 단도직입적으로 말씀드리자면 이 조건은 수용하기가 어렵습니다.

単刀直入に申し上げますと、この条件はとてものむ
_{たんとうちょくにゅう} _{もう} _あ _{じょうけん}
わけには参りません。
_{まい}

> ●「条件をのむ」는 '조건을 수용하다'라는 관용 표현입니다.

💬 저희가 몰라서 그럴 수도 있는데 이 가동률로는 목표 달성은 어려운 것이 아닐지요.

私どもの勉強不足かもしれませんが、この稼働率では
_{わたくし} _{かどうりつ}
目標達成は難しいかと。
_{もくひょうたっせい}

> ●「勉強不足」는 해당 분야의 지식이 있으나 충분치 않은 경우를 말하고,
> 비슷한 표현인 「不勉強」는 해당 분야 지식이 전무한 경우를 말합니다.

シニア層 노년층　確信する 확신하다　求める 바라다　妥協する 타협하다
単刀直入 단도직입적, 바로 요점으로 들어감　稼働 가동, 기계를 움직임　達成 달성

> **A** 계약 시에는
> 합계 금액을 청구하겠습니다.

> **B** 확인차 상세 내역을
> 알려 주실 수 있을까요?

A ご契約の際にはまとまった金額を請求させていただきます。
けいやく　さい　　　　　　　　　　　　きんがく　せいきゅう

B 確認のために、内訳の詳細についてご教示いただけますか？
かくにん　　　　　　　うちわけ　しょうさい　　　　　　　きょうじ

「まとまる」는 '하나로 뭉치다'라는 의미로, 여기서 「まとまった金額」는 '합
　　　　　　　　　　　　　　　　　　　　　　　　　　きんがく
계 금액'이라는 의미입니다.

「確認のために」는 '확인을 위해, 확인차'라는 의미입니다. '상세 내역'을 말할
　かくにん
때 한국어와는 다르게 일본어에서는 '내역'을 앞에 써서 「内訳の詳細」라고 한
　　　　　　　　　　　　　　　　　　　　　　　　うちわけ　しょうさい
다는 점도 알아 두세요.

그 경우 생각해 볼 수 있는 단점은 뭔가 없을까요?

その場合に考えられるデメリットは何かありませんか？

여쭤보고 싶은 것이 있는데요….

お伺いしたいことがあるのですが…。
　うかが

한 가지 여쭤봐도 될까요?

一点お尋ねしてもよろしいですか？
いってん　　たず

● 개수를 나타내는 말 뒤에 「ほど」를 붙여 「三点ほど(세 가지 정도)」와 같이 말할 수도 있습니다.

신규 사업 개척은 백지화된 것으로 이해하면 될까요?

新規事業開拓については、白紙という理解でよろしい
しん き じ ぎょうかいたく　　　　　　　はく し　　　　　　 り かい
でしょうか。

● 「〜という理解でよろしいでしょうか」를 활용해 이해한 바를 상대에게 한 번 더 확인할 수 있습니다.

원료비를 조금 더 줄여서 순이익을 낼 수는 없을지요?

もうちょっと原材料費を抑えて、純利益を出せない
　　　　　　　　げんざいりょう ひ　 おさ　　　　　じゅん り えき
ですかね。

際 때, 기회　請求 청구, 요구　内訳 내역, 명세　デメリット 결점, 단점　尋ねる 묻다
事業 사업　開拓 개척　原材料費 원료비　抑える 억제하다　純利益 순이익

> **B** 고객 입장에서 본다면 긴 것 같은데,
> 그 산출 근거가 궁금합니다.

> **A** 회사 이익을 고려하면
> 계약 기간은 3년이 타당하다고 봅니다.

A 会社の利益を考えると契約期間は3年が妥当な線であると
　　り えき　　　　　　　　　けいやく　　　　　　　　だ とう　　せん
判断しました。
はんだん

B 顧客の立場から考えると、長いのではないかと思いますが、
　　こ きゃく　たち ば
算出の根拠をお尋ねしてもよろしいでしょうか。
さんしゅつ　こんきょ　　たず

「考える」는 '사고하고 판단하며 생각하다'의 뜻 외에 '고려하다'라는 뜻도 가
집니다. 여기서 「妥当な線(타당한 선)」은 좋다고 판단하는 수준을 의미합니
다ょう　せん
다. 의문점에 대하여 구체적인 질문을 던지고자 할 때는 「～と思いますが、
～をお尋ねしてもよろしいでしょうか(~라고 생각하는데 ~을 물어봐도
　　たず
될까요?)」 문형을 활용할 수 있습니다. 「～と思います」는 '~인 것 같다'처럼
추측, 불확실한 단정을 나타낼 때도 쓰입니다.

● 이번에 그렇지 않은 것엔 특별한 이유가 있으신가요?

今回そうでないのは何か特別な理由があるのでしょうか。

● 「何か特別な理由があるのでしょうか」는 상대에게 이유를 물어볼 때 유용한 표현입니다.

● 제안을 한 번 더 검토해 주실 수 있으신가요?

もう一度提案を練り直していただくことは可能でしょうか。
ていあん　ね　なお　　　　　　　　　　　　　　か のう

● 「練る」는 '(계획 등을) 짜다'라는 의미로, 「練り直す」는 '(계획 등을) 다시 짜다'라는 의미입니다.

● 사용자 혜택이 적지 않나요?

ユーザーのベネフィットが弱いのではないでしょうか。

● 「ベネフィット」는 고객이 상품이나 서비스를 구입했을 때 얻을 수 있는 이익,
「メリット」는 상품 및 서비스의 특징이나 기능적 가치를 가리킵니다.

● 올해 졸업자는 모두 채용한다고 하셨는데, 경력직은 어떻게 됩니까?

新卒は全て採用ということでしたが、中途採用については
しんそつ　すべ　さいよう　　　　　　　　　　ちゅう と さいよう
いかがでしょうか。

● 여기서 「中途採用」는 경력직 채용을 말합니다.

● 이의는 없지만 한 가지 확인하고 싶은 내용이 있습니다.

異論はありませんが、1点だけ確認したい内容が
い ろん　　　　　　　　　　　　かくにん　　　　ないよう
ございます。

● 질문이 아닌 방식으로 의문을 제기할 때 쓸 수 있는 표현입니다.

妥当だ 타당하다, 적절하다　**顧客** 고객　**算出** 산출　**根拠** 근거　**練り直す** 재검토하다,
(계획 등을) 세우다　**ベネフィット** 이익, 혜택　**採用** 채용　**異論** 이의

PART
10

손님 맞이하기

마중

모시러 갈 테니 그 자리에서 기다려 주십시오

이동 중의 대화

대구에는 언제까지 계시나요?

호텔에서

몇 시에 모시러 오면 될까요?
기다리고 있겠습니다

관광·쇼핑 안내

일요일에 정해진 일정이 있으신가요?
해외 신용카드는 사용할 수 있나요?
한국 포장마차는 어떠세요?

배웅

조심히 가십시오

081 마중

> **B** 모시러 갈 테니
> 그 자리에서 기다려 주십시오.

> **A** 지금 입국장에 있습니다.

A 今、到着ロビーにいます。
とうちゃく

B お迎えに参りますので、その場でお待ちください。
まい ば

「お迎えに参ります(모시러 가겠습니다)」는 「迎えに行く」의 겸양 표현입니다. 비슷한 말로는 「お迎えにあがります(모시러 가겠습니다)」가 있지만 「お迎えに参ります」가 일반적으로 더 많이 쓰입니다. '차로 모시러 가겠습니다'라고 할 때는 「車でお迎えに参ります」로 표현하고, '자택, 공항' 등 특정 장소로 가겠다고 표현할 때는 「ご自宅まで·空港までお迎えに参ります」와 같이 말할 수 있습니다.

「その場で」는 '그 자리에서'라는 의미로, 이는 「そこで(거기서)」로 바꿔 쓸 수 있습니다.

● 바쁘신 중에 일부러 마중 나와 주셔서 감사합니다.

お忙しいところ、わざわざお出迎えいただきありがとう
　　　　　　　　　　　　　　で むか
ございます。

> ● 「お出迎えいただき」 대신 「おいでいただき(와 주셔서)」를 쓸 수도 있습니다.

● 기다리고 있었습니다.

お待ちしておりました。

> ● 손님을 맞이할 때 쓸 수 있는 인사말입니다.

● 밖에 차를 대기시켜 두었습니다.

外に車を待たせております。

● 여기 길에 턱이 있으니 조심하세요.

こちらに段差がありますので、お気を付けください。
　　　　　　だん さ

> ● 「段差」는 계단이나 길의 턱을 의미합니다.

● 가방을 들어 드리겠습니다.

カバンをお持ちします。

> ● 「お持ちします(들어 드리겠습니다)」는 「お預(あず)かりしましょうか(들어 드릴까요?)」로
> 바꿔 쓸 수 있습니다.

 到着 도착　**出迎え** 마중　**段差** 단차, 길의 턱

A 대구에는 언제까지 계시나요?

B 3일 정도 머무려고 생각하고 있습니다.

Ⓐ テグにはいつまでいらっしゃいますか？

Ⓑ **3日ほど考えております。**

이동 중에는 체류 중의 일정, 목적지까지 소요될 시간과 거리, 창밖 풍경이나 손님이 가 보고 싶은 장소, 먹어 보고 싶은 음식 등을 화제로 삼으면 좋습니다. 「いつまでいらっしゃいますか(언제까지 계시나요)」는 「どのくらい滞在_{たいざい}されるのですか(얼마큼 체류하시나요?)」로 바꿔 말할 수 있습니다.

● 한국은 처음이신가요?

韓国は初めてでいらっしゃいますか？
かんこく

● 한국은 가족과 여행으로 몇 번 온 적이 있습니다.

韓国は何回か、家族旅行で来たことがあります。
かんこく

● 뭐 필요한 건 없으신가요?

何か必要なものはございませんか？

● 호텔로 바로 가려고 하는데 괜찮으신가요?

ホテルに直行いたしますが、よろしいでしょうか。
ちょっこう

● 여기서 「直行」는 다른 곳을 들르지 않고 바로 간다는 의미입니다.

● 비행은 어떠셨어요? 피곤하지는 않으신가요?

飛行機の旅はいかがでしたか？

お疲れではないでしょうか。

● 「お疲れではないでしょうか」는 「お疲れではございませんか」로 바꿔 쓸 수 있습니다.

 단어 滞在 체재, 체류

191

> (A) 내일 아침은 몇 시에 모시러 오면 될까요?

> (B) 8시 반에 와 주실 수 있으신가요?

(A) **明日の朝ですが、お迎えは何時ごろがよろしいでしょうか。**
みょうにち

(B) **8時半に来ていただけますか？**

비즈니스 상황에서는 「明日(내일)」를 「あした」 대신 「みょうにち」, 「明朝
(내일 아침)」를 「みょうあさ」 대신 「みょうちょう」로 읽는 경우도 많으니
함께 알아 두세요.

같은 상황에서 「お迎えは何時ごろがよろしいでしょうか(몇 시에 모시러
오면 될까요?)」 대신 「何時ごろお迎えあがりましょうか」 혹은 「何時ごろ
お迎え参りましょうか」도 쓸 수 있습니다.
まい

192

🗨 호텔에 도착했습니다.

ホテルに到着いたしました。
とうちゃく

🗨 체크인하고 오겠습니다.

チェックインして参ります。
まい

> ● 손님은 로비에 잠시 기다리시도록 하고 대신 체크인을 하는 경우도 있습니다.

🗨 여권을 주시겠습니까?

パスポートをお借りしていいですか？

> ● 손님을 대신하여 체크인을 할 경우에 쓸 수 있는 표현입니다.

🗨 오늘은 푹 쉬세요.

今日はゆっくりお休みください。

🗨 내일 아침 8시 반에 모시러 오겠습니다.

明朝8時半にお迎えに上がります。
みょうちょう

 단어 **明朝** 내일 아침

084

호텔에서 ②

> **B** 호텔 현관 입구에서 기다리고 있겠습니다.

> **A** 슬슬 나가겠습니다.

A そろそろ出ます。

B ホテルの玄関口でお待ちしております。
げんかんぐち

호텔에서 체크아웃을 하고 나서 이동해야 하는 경우에는 전화 등으로 「カウ
ンターでお待ちしております (호텔의 카운터에서 기다리고 있겠습니다)」
라고 말합니다. 손님과 호텔 데스크에서 만나서 손님 대신 체크아웃을 하려는
경우, 「チェックアウトして参ります(체크아웃하고 오겠습니다)」라고 말하
まい
면 됩니다. 호텔 앞에서 바로 손님을 차로 모시고 이동하는 경우에는 손님에게
「ホテルの玄関口でお待ちしております」라고 말할 수 있습니다.
げんかんぐち

● 지내시는 데 불편함은 없으셨나요?

ご不便な点はございませんでしたか？

● 어제는 푹 쉬셨나요?

昨日はゆっくりとお休みになりましたか？
さくじつ

> ● 흔히 「ゆっくりお休みになられましたか」라고 말하기도 하는데 이는 이중 경어 표현으로,
> 올바른 경어 사용법이 아니니 주의하세요.

● 네, 푹 쉬었습니다. 마음 써 주셔서 감사합니다.

はい、ゆっくりできました。いろいろお気遣い
き づか
ありがとうございます。

> ● 이는 '신경을 써 주신 덕분에 잘 쉬었습니다'라는 의미의 인사말입니다.

● 그럼, 저희 회사로 안내하겠습니다. 이쪽으로 가시죠.

では、弊社にご案内いたします。どうぞ。
へいしゃ　　　あんない

● 가면서 오늘 일정에 대해 간단히 설명해 드리겠습니다.

移動しながら本日のスケジュールについて簡単に
い どう　　　　　　　ほんじつ
ご説明いたします。

 気遣い 마음 씀, 걱정　**移動する** 이동하다

085

관광·쇼핑 안내 ①

B 관광지를 돌아보고 싶은데 어디가 좋을지 잘 모르겠어요.

A 일요일에 정해진 일정이 있으신가요?

A 日曜日に何かご予定はございますか。

B 観光地を回りたいのですが、どこがいいかよく分かりません。
かんこう ち

「何かご予定はございますか」는 상대의 일정을 물어볼 때 유용한 표현입니다. 이는 「ご予定はおありですか(일정이 있으십니까?)」로 바꿔 쓸 수 있습니다. 이미 일정 시간을 함께하기로 약속이 되어 있는 경우라면 「この後のご予定はいかがなさいますか(다음 일정은 어떻게 되시나요?)」를 활용해 상대의 일정을 물어보면 됩니다. 손님이 일정이 없다고 대답했을 때는 「差し支え
さ つか
なければ私がご案内しましょうか(괜찮으시다면 제가 안내해 드릴까요?)」
あんない
등의 표현을 통해 답할 수 있습니다.

● 모처럼 오셨으니 내일 경복궁을 안내해 드리고 싶은데요….

せっかくなので、明日、景福宮を案内したいのですが…。
キョンボックン　あんない

● 「せっかくなので○○をご案内したいのですが」는 손님에게 관광 일정 등을 제안할 때 유용한 문형입니다.

● 쇼핑이 필요하시면 제가 모시겠습니다.

お買い物が必要でしたら、私が案内いたします。
わたくし　あんない

● 여기가 제가 추천하는 가게입니다.

こちらが私のおすすめのお店です。
わたくし

● 가보고 싶은 장소가 있으신가요?

行ってみたい場所などございますか？

● 가족들의 기념품을 살 만한 곳을 추천해 주실 수 있나요?

家族へのお土産が買えるところを勧めていただけますか。
みやげ　　　　　　　　　　　　すす

● 「勧めていただけますか」는 상대에게 소개나 추천을 받고 싶을 때 쓸 수 있는 표현입니다.

観光地 관광지　**案内する** 안내하다　**せっかく** 모처럼, 애써　**勧める** 권하다

086

관광·쇼핑 안내 ②

A 필요하신 것이 있으시면 언제든 편하게 말씀해 주세요.

B 저, 해외 신용카드는 사용할 수 있나요?

A **何かございましたらお気軽にお声がけください。**
き がる　　　こえ

B **あの、海外のクレジットカードは使えますか？**

「何かございましたら」는 직역하자면 '뭔가 있으시면'이라는 의미로, '필요하신 것이 있으시면, 필요하시면, 뭐든 궁금하신 점이 있으시면'이라는 의미로 쓰입니다. 「お気軽に」는 '마음 편하게'라는 뜻이며 「お声がけください」는 '말 걸어 주세요, 말씀해 주세요'라는 뜻입니다. 「お気軽にお声がけください」의 형태로 자주 쓰이니 문장을 통째로 외워 두면 유용하게 쓸 수 있습니다.

● 여권은 가지고 나오셨어요?

パスポートはお持ちになりましたか？

● 면세 혜택을 받는 등 신분증을 챙겨야 하는 상황에서 건넬 수 있는 표현입니다.

● 광장시장은 아시나요? 한국 음식이나 문화를 체험할 수 있는 곳이에요.

クァンジャン市場はご存じですか。韓国の食べ物や
文化が体験できるんですよ。

● 인스타그램용 사진이 잘 나오는 장소를 찾으신다면 연남동이 좋아요.

インスタ映えする場所ならヨンナムドンがいいですよ。

● 「インスタ映え」 대신 「SNS映え」로 바꿔 쓸 수 있습니다.

● 한국식 우동은 드셔 보셨어요?

韓国式のうどんは召し上がりましたか？

● 일본 사람에게 칼국수를 설명할 때 「韓国式のうどん(한국식 우동)」이라
설명하면 쉽게 이해하는 경우가 많습니다.

● 멋진 장소를 소개해 주셔서 감사합니다.

素晴らしいところを紹介していただきありがとう
ございます。

体験 체험

199

087

관광·쇼핑 안내 ③

> **A** 사람들이 많이 가는
> 선술집 같은 곳이 있나요?

> **B** 그럼 한국 포장마차는 어떠세요?

A 大衆居酒屋みたいな場所はありますか？

たいしゅう い ざか や

B それでは、韓国の屋台はいかがですか。

かんこく　　 や たい

「大衆居酒屋」는 단어에 「居酒屋(술집)」가 있다고 해서 꼭 일본식 선술집을 의미하는 것은 아닙니다. 한국으로 생각해 보자면 사람들이 흔히 가는 치킨집, 호프집 등과 비슷합니다. 다른 곳을 안내하지 않도록 주의하도록 합시다.

포장마차는 「屋台」라고 합니다. 상대에게 추천을 할 때는 「いかがですか(어떠세요?)」라는 표현을 활용해 의견을 구하면 편리합니다.

한국의 옛날 모습을 보시고 싶으시다면 북촌 한옥마을을 추천합니다.

昔の韓国がご覧になりたければ北村韓屋村がおすすめ
ですよ。

사전 예약이 필요한데 필요하시면 제가 대신 예약해 드릴까요?

事前予約が必要なんですが、私が代わりに予約いたし
ましょうか。

숨은 맛집이요? 그럼 성수동에 있는 이 가게는 어떠세요?

穴場ですか？では、聖水洞にあるこの店はいかが
でしょうか。

덕분에 즐거운 시간을 보냈습니다.

おかげさまで楽しい時間を過ごせました。

● '시간을 보내다'라고 할 때 동사「過ごす」는 가능형으로 쓰는 것이 일반적입니다.
이는「過ごすことができました」로 바꿔 쓸 수도 있습니다.

다음엔 가족들과 와 봐도 좋겠군요.

今度家族とまた来てみたいですね。

大衆 대중, 많은 사람　**穴場** 숨은 맛집, 알려지지 않은 관광지 등의 장소
おかげさまで 덕분에

088 배웅

Ⓐ 조심히 가십시오.

Ⓑ 도쿄에 오시거든 언제든 들러 주세요.

Ⓐ お気を付けてお帰りください。

Ⓑ 東京にいらっしゃったら、いつでもお立ち寄りください。
とうきょう　　　　　　　　　　　　　　　　　　　　た　　よ

「お気を付けてお帰りください」는 한국어에서 배웅할 때 흔히 사용하는 인사말인 '조심히 들어가세요, 조심히 가십시오'에 해당하는 표현입니다. 「お」를 빼고 「気を付けてお帰りください」라고만 말해도 괜찮습니다. 더 간단하게 「お気を付けて」라고만 말해도 의미는 통합니다.

● 출구까지 모시겠습니다.

お出口までお見送りします。
　　　み おく

● 차까지 짐 가방을 들어 드리겠습니다.

お車までスーツケースをお持ちします。

● 다시 한 번 이번 방문 감사드립니다.

改めてこの度はお越しくださいまして、ありがとう
あらた　　　たび　　　こ
ございました。

● 다케다 님께 안부 전해 주십시오.

武田様によろしくお伝えください。
たけ だ さま

● 또 뵙기를 기대하고 있겠습니다.

またお目にかかれるのを楽しみにしております。

　● 같은 상황에서 「お目にかかれるのを(뵙는 것을)」를 「お会いできることを」로 바꿔 쓸 수 있습니다.

　　　立ち寄る 들르다　**改めて** 다시, 다음 기회에　**この度** 이번, 금번

PART
11

식사 대접하기

식사 초대하기
모처럼 오셨는데 식사라도 같이 어떠신가요?
혹시 못 드시는 거 있으신가요?

초대 수락
꼭 가고 싶습니다

초대 거절
일부러 초대해 주셨는데
다음 기회에 또 초대해 주십시오

술자리
한국에서는 첨잔은 안 하는 게 일반적이죠?

메뉴 추천하기
이걸 추천합니다

먹는 법 알려 주기
바짝 구워서 드세요

식사 대접
제가 가져오겠습니다

맛 표현하기
꼬들꼬들하고 맛있네요
입 안에서 살살 녹네요

마무리 인사
정말 잘 먹었습니다

089 식사 초대하기 ①

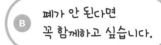

> Ⓐ 모처럼 오셨는데 식사라도 같이 어떠신가요?

> Ⓑ 폐가 안 된다면 꼭 함께하고 싶습니다.

Ⓐ せっかくなので、お食事でも一緒にいかがですか？

Ⓑ ご迷惑でなければ、ぜひ。
　　めいわく

일반적으로 일본도 한국과 마찬가지로 고객과 회식, 간담회 등의 식사 자리를 마련하는 경우가 많습니다. 그전에 미리 고객의 취향을 묻고 준비하면 좋습니다. 이때 「苦手なものはございませんか(못 드시는 음식이 있으신가요?)」, 「辛い物は大丈夫ですか(매운 음식은 괜찮으신가요?)」, 「焼肉とかはお好きですか(고기 같은 건 좋아하시나요?)」 등의 표현을 활용해 보도록 합시다.

● 미팅 끝나고 저녁 같이 어떠신가요?

ミーティングの後に夕食をご一緒にいかがでしょうか。

● 「ご一緒にいかがでしょうか」는 상대를 초대할 때 유용한 표현입니다.

● 회사 근처에 냉면 맛집을 알아 두었는데, 같이 가 보는 건 어떠신가요?

会社の近くにおいしい冷麺屋さんがあるんですが、
<ruby>冷麺<rt>ネンミョン</rt></ruby>屋

一緒にいかがですか？

● 안 바쁘시면 끝나고 한 잔 어떠세요?

お忙しくなければ、この後1杯いかがですか？

● 괜찮으시다면 자리 한번 마련하고 싶은데요.

よろしければ、ぜひ一度場を設けさせていただきたいの
<ruby>場<rt>ば</rt></ruby> <ruby>設<rt>もう</rt></ruby>

ですが…。

● 오늘 저녁 식사에 초대하고 싶은데요….

今晩、夕食にご招待したいのですが…。
<ruby>招待<rt>しょうたい</rt></ruby>

苦手だ 서툴다, 잘 못하다　**設ける** 마련하다, 만들다

> Ⓐ 혹시 못 드시는 거 있으신가요?

> Ⓑ 아니요, 특별히 없습니다.

Ⓐ 苦手なものはございますか？
にが て

Ⓑ **いいえ、特にありません。**
　　　　とく

> 「苦手なもの」는 잘 못 먹거나 싫어하는 대상을 말합니다. 「お好きなものは
> にが て
> ありますか(좋아하는 음식이 있으신가요?)」 또는 「苦手なものはありますか
> にが て
> か」등의 표현을 활용해 상대방의 취향을 물어볼 수 있습니다.

● 알레르기나 드시면 안 되는 것 있으신가요?

アレルギーや食事に関する制限はございますか？
かん　　　　せいげん

● 뭐든지 잘 먹습니다.

何でも食べられます。

● 특별히 가리지 않습니다.

好き嫌いは特にありません。

● 「好き嫌い」는 '호불호, 좋고 싫음'이라는 뜻으로, 여기서는 가리는 음식을 말합니다.

● 해산물만 빼고 기본적으로 다 잘 먹습니다.

海産物以外なら基本なんでも大丈夫です。
かいさんぶつ　　　　　き ほん

● 「〜 以外なら」, 「以外でしたら」는 '〜만 빼고'라는 뜻입니다.
「海産物」는 「魚介類(ぎょかいるい)」라고 바꿔 쓸 수 있습니다.

● 모처럼 한국에 왔으니 매운 걸 먹어 보고 싶습니다.

せっかく韓国に来たので、辛いものを食べてみたいです。
かんこく

 アレルギー 알레르기, 거부 반응　〜に関する 〜에 관한　制限 제한　海産物 해산물
基本 기본　魚介類 어패류

209

초대 수락

A 모처럼 한국까지 오셨는데,
끝나고 막걸리 마시러 가지 않으시겠어요?

B 감사합니다.
꼭 가고 싶습니다.

A せっかく韓国までいらしたのですから、
この後、マッコリでも飲みに行きませんか？

B ありがとうございます。ぜひ！

「せっかく(모처럼, 애써)」는 상대를 초대할 때 자주 쓰는 표현입니다. 우리
말로 생각하면 '이렇게 오셨는데, 그래도 한국 오셨는데' 정도의 의미를 가집
니다. 상대의 초대에 응할 때는 간단히 「ありがとうございます。ぜひ！」
와 같이 말할 수 있습니다. 또한 「ご一緒させていただきます(함께하겠습니
다)」도 유용하게 쓸 수 있습니다.

● 그럼 염치 불고하고 함께하겠습니다.

お言葉に甘えてご一緒させていただきます。
こと ば　あま

● 「お言葉に甘えて」는 '호의를 받아들여'라는 뜻으로, 상대방이 한 제안을 받아들이겠다는 의미입니다.

● 기쁜 마음으로 함께하겠습니다.

ぜひ喜んでご一緒させていただきたいと思います。

● 그럼 이렇게 말씀해 주시니 함께하겠습니다.

じゃあ、お言葉に甘えさせていただきます。
こと ば　あま

● 초대 말씀 감사합니다.

声をかけていただけてうれしいです。
こえ

● 폐가 안 된다면 1시간만 참여하는 것도 괜찮을까요?

ご迷惑でなければ、1時間だけの参加でも大丈夫
めいわく　　　　　　　　　　さん か
でしょうか。

 いらした 「いらっしゃった(오셨다)」의 축약형　言葉に甘える 상대의 호의를 받아들이다
声をかける 말을 걸다, 권유하다

A 괜찮으시다면 끝나고 식사 자리를 마련하고 싶은데요….

B 일부러 초대해 주셨는데 공교롭게도 선약이 있어서요….

A よろしければ、この後お食事の場を設けさせていただきたいのですが…。

B せっかくのお誘いですが、あいにく先約がありまして…。

상대의 초대를 거절할 때는 「せっかくのお誘いですが(모처럼 초대해 주셨는데)」와 같이 초대해 준 것에 대한 감사 인사와 함께 거절 의사를 밝히는 것이 좋습니다.

● 일부러 초대해 주셨는데 아쉽게도 참가하기 어려울 것 같습니다.

せっかくのお誘いですが、残念ながら参加できそうに
ありません。
　　　　　さそ　　　　　　ざんねん　　　　さん か

● 일부러 초대해 주셨는데 오늘 밤은 시간을 내기 어려워서….

せっかくですが、今夜は都合がつきませんもので…。
　　　　　　　　　　　　つ ごう

　　　　　　　　● 「～もので」는 본인의 행위에 대한 이유를 나타내는 표현으로, '~이므로, ~때문에'라는 뜻입니다.

● 아쉽게도 변경이 어려운 일정이 있어서요….

あいにく動かせない予定が入っておりまして…。

　　　　　　　　　　● 같은 상황에서 「動かせない」는 「外せない」로 바꿔 쓸 수 있습니다.

● 다른 일정이 있어서 죄송합니다.

他の予定が入ってしまっており、申し訳ありません。
　　　　　　　　　　　　　　　　　　もう　　わけ

● 너무나도 죄송하지만 갑자기 일이 생겨서요….

大変申し訳ないのですが、急な差し支えができまして…。
たいへんもう　 わけ　　　　　　　　　　さ　つか

　　　　　　　　● 「急な差し支え」는 '부득이한 용무'를 의미하는 것으로,
　　　　　　　　「よんどころない急用(きゅうよう)」로 바꿔 쓸 수 있습니다.

設ける 마련하다, 만들다　**誘う** 권유하다　**先約** 선약
都合がつく 형편이 되다, 시간이 되다

213

093 초대 거절 ②

> Ⓐ 안 바쁘시면 끝나고 한 잔 어떠세요?

> Ⓑ 일부러 제안해 주셨는데 죄송하지만, 다음 기회에 또 초대해 주십시오.

Ⓐ お忙しくなければ、この後1杯いかがですか？

Ⓑ せっかくのお誘いですが、次の機会がございましたら
ぜひともお声がけくださいませ。

「ぜひとも(꼭)」는「ぜひ」의 강조 표현입니다. 같은 상황에서「次、また、ぜひとも(다음에 또 꼭 불러 주십시오)」만으로도 거절 의사를 표현할 수 있습니다.

214

🗨 또 다음 기회에 꼭 불러 주십시오.

また何かの折にはぜひ、お声をかけてください。
おり こえ

● 「また何かの折」는 「次の機会(다음 기회)」라는 의미입니다.

🗨 컨디션 난조로 고사하고자 합니다.

体調不良のため、辞退させていただきます。
たいちょう ふ りょう じ たい

● 「辞退」는 '고사, 거절, 사양'의 의미로 쓰였습니다.

🗨 기대에 부응하지 못해 죄송합니다.

ご期待に添えず申し訳ございません。
き たい そ もう わけ

🗨 다음번에는 제가 초대하겠습니다.

次はこちらからお誘いいたしますね。
さそ

🗨 다음에 꼭 만회하겠습니다.

この埋め合わせは必ず。
う あ かなら

 機会 기회　**折** 때, 기회　**体調** 몸 상태　**不良** 불량　**辞退** 고사, 사양함
埋め合わせ 벌충, 보충

094 술자리

A 일본에서는 술을 마실 때 첨잔도 특별히 문제가 안 된다고 들었는데 진짜인가요?

B 네, 한국에서는 첨잔은 안 하는 게 일반적이죠?

A 日本ではお酒を飲む時、継ぎ足しも特に問題にならないと
聞いたんですが、本当ですか？

B はい、韓国では継ぎ足しはしないのが普通ですよね？

일본과 한국의 식사 예절이나 술 문화 등의 차이로 오해가 생기지 않도록 미리
익혀 두는 것이 좋습니다. 일본에서는 술은 한 손으로 받고, 윗사람 앞에서 고
개를 돌려 마시지도 않기 때문에 이러한 일본 문화를 모르는 한국 사람이 봤을
때는 의아할 수 있습니다. 이와 같은 서로의 다른 문화를 화제로 삼아서 이야
기를 나누는 것도 좋습니다. 「継ぎ足し」는 '이어 붙임, 덧붙임'의 의미로, 여기
서는 술잔에 술이 남았는데도 술을 더 따르는 것을 의미합니다.

● 마실 것은 뭘로 하시겠어요?

お飲み物を何になさいますか？

● 술은 어떠세요?

お酒はいかがですか？

● 우선 생맥주 괜찮으신가요?

とりあえず生ビールでよろしいでしょうか。

● 음료수도 있습니다.

ソフトドリンクもあります。

● 한국에는 윗사람 앞에서 고개를 돌려 마시는 문화가 있습니다.

韓国では目上の人の前では横を向いてお酒を飲む文化が
かんこく　　　　　め うえ
あります。

普通 보통, 대개 　**とりあえず** 우선 　**ソフトドリンク** 소프트 드링크, 음료수
目上 윗사람, 연장자

메뉴 추천하기

A 여기 추천 메뉴는 무엇인가요?

B 맵지 않은 걸로는 이걸 추천합니다.

A こちらのおすすめは何ですか？

B 辛くないものでしたら、こちらをおすすめします。

「おすすめは何ですか」는 '여기는 뭐가 맛있나요?'라는 의미로 자주 쓰이는
표현입니다. 「○○でしたら、こちらをおすすめします」를 활용해 「辛い
物でしたら(매운 것이라면)」、「お肉でしたら(고기라면)」、「お魚でしたら
(생선이라면)」、「韓国の伝統料理でしたら(한국의 전통 요리라면)」와 같이
○○에 추천할 것을 넣어서 말하면 됩니다.

💬 삼계탕은 드셔 보셨어요?

参鶏湯は召し上がりましたか？
サム ゲ タン　　め　　あ

　　　　　　　　　　● 삼계탕은 연세가 드신 일본 손님이 한국에 오면 먹어 보고 싶어하는
　　　　　　　　　　　대표적인 음식 중에 하나이니 이 표현을 잘 활용해 봅시다.

💬 여기가 제가 다녀본 곳 중에서 곱창전골을 제일 잘하는 집입니다.

ここは私が一番おいしいと思うホルモン鍋を出して
なべ

くれます。

💬 여기는 냉면이 유명해요.

ここは冷麺が有名なんです。
ネンミョン

💬 메뉴를 좀 봐도 될까요?

メニューをいただいてもよろしいですか。

💬 제대로 된 초밥집은 처음입니다. 감동이에요.

ちゃんとしたお寿司屋さんは初めてなんです。感動です。
すしや　　　　　　　　　　　　　かんどう

　　　　　　● 「ちゃんとした」는 「こんなに高級(こうきゅう)な(이렇게 고급스러운)」로 바꿔 쓸 수 있습니다.
　　　　　　　회전 초밥집이 아닌 초밥집을 가리켜 「回らないお寿司屋さん」으로 표현할 수 있습니다.

 おすすめ 추천　伝統 전통　召し上がる 드시다〈「食べる」, 「飲む」의 높임말〉

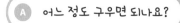

A 어느 정도 구우면 되나요?

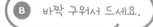

B 바짝 구워서 드세요.

A どのくらい焼けばいいですか？

B しっかり焼いてから召し上がってください。
　　　　　　　　 め　あ

> 「しっかり焼く」는 제대로 구워서 바짝 익히는 것을 의미합니다. 「召し上がる(드시다)」는 「食べる(먹다)」, 「飲む(마시다)」의 높임말로, 「召し上がってください」는 '드세요'라는 표현입니다.
>
> 그 밖에 상대에게 먹는 방법을 물어볼 때 유용한 표현으로는 「どうやって食べればいいですか(어떻게 먹으면 되나요?)」, 「どうやって食べるんですか(어떻게 먹는 건가요?)」 등이 있습니다.

● 직접 양념을 찍어서 드시면 됩니다.

直接タレにつけてお召し上がりください。
ちょくせつ　　　　　　　　　　　　め　あ

● 「タレ」는 주로 고추장과 같은 찍어 먹는 '장'을 의미합니다. 「ソース」는 주로 양식에 쓰는 소스를 말하며
요리하며 넣거나 위에 뿌려 먹는 것을 가리킵니다.

● 이미 밑간은 되어 있으니 그대로 드시면 됩니다.

すでに下味はついていますので、そのまま召し上がって
したあじ　　　　　　　　　　　　　　　　め　あ
ください。

● 여기서 「下味はついている」는 '밑간이 되어 있다'라는 의미입니다.

● 매운 걸 좋아하시면 이 소스에 찍어서 드셔 보세요.

辛いのがお好きであれば、こちらのソースをお使い
ください。

● 상추에 싸서 드시면 더욱 맛있습니다.

サンチュに包んで召し上がると一層おいしいですよ。
つつ　　　め　あ　　　いっそう

● 동사 「包む」를 활용해 「채소+に包んで食べる(채소에 싸서 먹다)」와 같이 표현할 수 있습니다.

● 한국에서는 이런 식으로 먹습니다.

韓国ではこのようにして食べます。
かんこく

 直接 직접　**タレ** 소스, 양념　**すでに** 이미, 벌써　**下味** 밑간　**そのまま** 그대로, 즉시
一層 한층 더

(A) おかずをもう少しいただきたいのですが…。

(B) おかずはセルフサービスですので、私が持ってまいります。

「もう少しいただきたいのですが」에서「いただく」는「食べる(먹다)」의
겸양 표현으로 쓰였습니다. 이는「ほしい」로 바꿔 쓸 수 있습니다.
「持ってまいります(가져오겠습니다)」는「持ってきます」의 경어 표현입니
다.

💬 추가로 더 시키고 싶은 건 없으세요?

追加で頼みたいものはございませんか。
ついか　たの

💬 입맛에 맞으셨나요?

お口に合いましたでしょうか。
くち　あ

　　　　　　　● 식사를 어느 정도 마무리하고 나서 쓸 수 있는 표현입니다.

💬 제가 따라 드리겠습니다.

お注ぎいたします。
つ

💬 식사로 냉면 어떠세요?

締めに冷麺はいかがですか？
し　　　ネンミョン

　　　　　　　● 식사의 마지막에 먹는 냉면, 된장찌개 등의 식사를 「締め」라고 표현합니다.

💬 저희는 신경 쓰지 마시고 어서 드세요.

私たちのことは気にせず、どんどん召し上がって
め　あ
ください。

　　　● 상대에게 「○○様もどうぞ(○○ 님도 드세요)」라는 말을 들었을 때의 답변으로 유용한 표현입니다.

 おかず 반찬　**追加** 추가　**口に合う** 입맛에 맞다　**注ぐ** 붓다, 따르다

맛 표현하기 ①

> Ⓐ 맛 어때세요?
>
> Ⓑ 꼬들꼬들하고 맛있네요.

Ⓐ **お味はいかがですか？**

Ⓑ **歯ごたえがあっておいしいです。**
　は

맛이 괜찮은지 신경 써 주는 상대에게 단순히 「おいしい(맛있다)」만 연발하면 성의가 없어 보일 수 있습니다. 이럴 때 맛을 표현하는 다양한 표현을 알아두면 유용합니다.

「歯ごたえ」는 '음식을 씹었을 때 느껴지는 느낌이나 맛'을 나타내는 말로, 식감이 좋은 음식의 맛을 표현할 때 활용할 수 있습니다.

● 아삭아삭하고 맛있네요.

シャキシャキしておいしいです。

　　　　　　　　　　　　　　　　　　● 주로 생채소 등을 먹을 때 사용하는 표현입니다.

● 부드러운 맛이네요.

やさしい味ですね。

　　　　　　　　　　　　　　● 순두부나 전복죽 같은 순하고 부드러운 음식을 먹을 때 쓰는 표현입니다.

● 따끈따끈하고 맛있네요.

ホカホカしておいしいですね。

● 씹는 맛이 부드럽네요.

口当たりがなめらかですね。
くち あ

● 「なめらか」는 푸딩이나 케이크, 계란찜, 두부 등과 같은 매끈하고 부들부들한 음식에 주로 쓰는 표현입니다.
　　　　　　　　비슷한 표현으로 「まろやか(순하고 부드러움)」도 함께 알아 두면 좋습니다.

● 그릇에 담긴 모습도 멋지네요.

盛り付けも素敵ですね。
も　 つ　　　 す てき

シャキシャキ 무언가를 씹거나 자르는 소리, 아삭아삭　**ホカホカ** 따끈따끈
口当たり 입맛, 구미　**なめらか** 매끄러운 모양　**盛り付け** 음식을 보기 좋게 담음

Ⓐ 입맛에 맞으실지 어떨지….

Ⓑ 입 안에서 살살 녹네요.
사와다 님도 어서 드세요.

Ⓐ お口に合いますかどうか…。

Ⓑ 口の中でとろけますね。**沢田様もどうぞ。**
　　　　　　　　　　　さわ だ さま

「お口に合いますかどうか…」는 상대방이 먹고 있을 때 입맛에 맞는지 물어
보는 표현입니다. 이는 「お口に合えばよろしいのですが(입맛에 맞으셨으
면 좋겠습니다)」로 바꿔 쓸 수 있습니다.
「とろける」는 '살살 녹다'라는 의미의 맛 표현입니다.

🗨 알록달록 아름답네요.

色どりも美しいですね。

- 「色どり」는 '색의 배합'이라는 뜻으로, 요리의 플레이팅을 칭찬할 때 유용한 표현입니다.

🗨 향이 너무 좋네요.

すごくいい香りですね。
かお

🗨 방금 구운 건가요? 너무 좋습니다.

焼きたてですか？うれしいです。

- 「동사의 ます형+たて」는 '방금 막 ~한 것'이라는 뜻으로,
「揚(あ)げたて(방금 튀긴)」, 「作りたて(방금 만든)」 등과 같이 활용할 수 있습니다.

🗨 중독성 있는 맛이에요.

やみつきになります。

- 「やみつきになる」는 '끊을 수 없다, 중독되다'라는 뜻으로,
어떠한 것에 푹 빠지는 상황을 나타낼 때 주로 쓰입니다.

🗨 입 속이 행복으로 꽉 찼습니다.

口の中が幸せでいっぱいです。

 단어   **色どり** 색의 조합, 구색   **香り** 향   **やみつきになる** 습관이 되다, 중독이 되다

227

A 정말 잘 먹었습니다.

B 저야말로 덕분에 정말 즐거운 시간을 보냈습니다.

A すっかりごちそうになりました。

B こちらこそ、おかげで楽しい時間を過ごせました。

회식 때는 다소 풀어져서 가볍게 대화를 나눴다 하더라도 헤어질 때는 제대로 격식을 갖춰서 인사를 하는 것이 일반적입니다. 대접을 받은 쪽은 다음 날 메일로 상대에게 한 번 더 감사 인사를 전하는 경우도 많습니다. 상대에게 후한 대접을 받았을 때 그에 대한 감사 인사로「すっかりごちそうになりました」를 쓰면 좋습니다. 여기서「すっかり」는 '완전히'라는 의미이며,「ごちそうになりました」는 '대접을 받았습니다'라는 뜻입니다. 같은 상황에서 기본적인 인사말인「ごちそうさまでした(잘 먹었습니다)」도 흔히 씁니다.

🫧 멋진 가게를 소개해 주셔서 다음에 따로 또 와 봐야겠습니다.

素敵なお店を紹介してくださり、プライベートでもまた
すてき　　　　しょうかい
利用させていただきます。

🫧 즐거운 나머지 많이 마시고 말았네요.

楽しい時間で、つい飲み過ぎてしまいました。

　　　　　　　　　　　　　　● 「つい〜てしまう」는 '무의식 중에 〜해 버리다'라는 의미입니다.

🫧 또 같이 식사할 수 있게 되면 좋겠습니다.

またご一緒に、食事ができればうれしいです。

🫧 다음번에는 제가 대접하겠습니다.

今度は私にごちそうさせてください。
こん ど

🫧 나중에 꼭 보답할 기회가 있으면 좋겠습니다.

後日、お返しできる機会をいただけますと幸いです。
ご じつ　　　　　　　　　　き かい　　　　　　　　　さいわ

　　　　　　　　　　● 여기서 「お返しできる機会」는 '보답할 기회, 갚을 기회'라는 뜻입니다.

  つい 무심결에　後日 뒷날, 나중　機会 기회

부록

메일로 약속 잡기

New message • • •

件名　新規お取引のお願いの件

宛先　株式会社未来　営業部　西村和夫様(nishimura@miraicorp.co.jp)

株式会社未来
営業部 西村和夫様

いつもお世話になっております。真田商事の山下です。
先日はお電話にてお時間をいただき、誠にありがとうございました。
今回は、お電話の際にお伺いした貴社の課題について、弊社が運営するサービスを利用することで解決できると思い、ご連絡を差し上げました。

もしよろしければ、直接ご説明させていただきたいのですが、下記日時のご都合はいかがでしょうか。

【日程の候補】　・8月22日（月曜日）　10：00 〜 12：00
　　　　　　　　・8月23日（火曜日）　13：00 〜 15：00
　　　　　　　　・8月25日（木曜日）　10：00 〜 15：00

当日は、サービス内容の詳細や他社での導入事例、貴社でのご活用イメージなどをお話しできればと考えております。なお、ご訪問は1時間程度を予定しております。
上記日程で差し支えなければ、大変お手数ですが、ご都合のいい日程をお知らせいただければ幸いでございます。

ご多忙の中大変恐縮ですが、何卒よろしくお願い申し上げます。

真田商事
山下翔太

shouta31@sanadacorp.co.jp
東京都新宿区桜町5-3-2
TEL 03-0000-1111
FAX 03-1234-1535
www.sanadacorp.co.jp

Send

← → ↻   ☆ ≡

제   목 신규 거래 요청 건

받는 사람 주식회사 미라이 영업부 니시무라 가즈오 님(nishimura@miraicorp.co.jp)

주식회사 미라이
영업부 니시무라 가즈오 님

늘 신세 지고 있습니다. 사나다 상사의 야마시타입니다.
일전에 전화로 시간을 내 주셔서 정말 감사했습니다.

이번은 전화 통화로 여쭌 귀사의 과제와 관련해, 저희가 운영 중인 서비스를 통해 해결이 가능할 것 같아 연락드립니다.

만약 괜찮으시다면 직접 설명차 찾아뵙고 싶은데, 아래 날짜 중 편하신 일정이 있으실지요?

【일정 후보】   ·8월 22일(월요일) 10:00~12:00
                ·8월 23일(화요일) 13:00~15:00
                ·8월 25일(목요일) 10:00~15:00

당일에는 서비스 세부 내용 및 타사 도입 사례, 귀사 활용 방안 등에 관해 말씀 나눌 수 있으면 좋겠습니다. 아울러 방문 소요 시간은 1시간 정도로 예상합니다.

상기 일정으로 문제 없으시다면 대단히 번거로우시겠지만, 편한 일정을 알려 주시면 감사하겠습니다.

바쁘신 와중에 대단히 송구합니다만, 모쪼록 잘 부탁드립니다.

사나다 상사
야마시타 쇼타

> shouta31@sanadacorp.co.jp
> 도쿄도 신주쿠구 사쿠라쵸 5-3-2
> TEL 03-0000-1111
> FAX 03-1234-1535
> www.sanadacorp.co.jp

▼ │ 🔗 📊 😊 🔍   Send

New message

件名　新規お取引のお願いの件

宛先　株式会社未来　ご担当者様

突然のご連絡失礼いたします。

私、真田商事にて営業を担当しております山下と申します。

貴社の現在展開されている事業に関しまして、ぜひ何かご協力させていただけることがあるのではないかと思い、ご連絡させていただきました。情報通信機器の開発・販売を行っている弊社では、インターネットに付随したサービス業界のお客様に弊社製品を多数導入いただいており、インターネットで起きる通信障害を最大で80％改善した実績がございます。

もし同様の課題をお持ちであれば、直接ご説明させていただきたいのですが、下記日時のご都合はいかがでしょうか。

【日程の候補】　・8月22日（月曜日）　10：00 ～ 12：00
　　　　　　　　・8月23日（火曜日）　13：00 ～ 15：00
　　　　　　　　・8月25日（木曜日）　10：00 ～ 15：00

ご訪問の際は、パンフレット等をお持ちするとともに、他社様の導入事例までお話しできればと思います。上記日程で差し支えなければ、大変お手数ですが、ご都合のいい日程をお知らせいただけますと幸いです。

突然のご連絡にて大変恐縮ではございますが、何卒よろしくお願い申し上げます。

真田商事
山下翔太

shouta31@sanadacorp.co.jp
東京都新宿区桜町5-3-2
TEL 03-0000-1111
FAX 03-1234-1535
www.sanadacorp.co.jp

Send

제　　목　신규 거래 요청 건

받는 사람　주식회사 미라이 담당자님께

갑작스럽게 연락을 드려 죄송합니다.

저는 사나다 상사에서 영업을 담당하고 있는 야마시타라고 합니다.

귀사에서 현재 진행하시는 사업과 관련해 꼭 협업을 제안드리고 싶은 건이 있어 연락드립니다. 정보 통신 기기의 개발·판매를 담당하고 있는 당사에서는 인터넷 관련 서비스 업계 고객사들께서 당사 제품을 다수 도입하고 계시며, 인터넷상의 통신 장애를 최대 80% 개선한 실적이 있습니다.

혹시 유사한 과제를 안고 계시다면 직접 설명을 드리고 싶습니다만, 아래 날짜 중 편하신 일정이 있으실지요?

【일정 후보】 ·8월 22일(월요일) 10:00~12:00
·8월 23일(화요일) 13:00~15:00
·8월 25일(목요일) 10:00~15:00

방문 시에는 팸플릿 등을 지참해서 설명을 드릴 예정이며, 타사 도입 사례도 말씀드리고자 합니다. 상기 일정으로 괜찮으시다면 대단히 번거로우시겠지만, 편한 일정을 알려 주시면 감사하겠습니다.

갑작스럽게 연락을 드려 대단히 죄송하지만, 아무쪼록 잘 부탁드립니다.

사나다 상사
야마시타 쇼타

shouta31@sanadacorp.co.jp
도쿄도 신주쿠구 사쿠라쵸 5-3-2
TEL 03-0000-1111
FAX 03-1234-1535
www.sanadacorp.co.jp

▼　|　📎　🖼️　☺　🔍　　　　　　Send

MEMO

MEMO

생생 체험 현지 비즈니스 일본어

지은이 함채원
펴낸이 정규도
펴낸곳 (주)다락원

초판 1쇄 인쇄 2023년 8월 11일
초판 1쇄 발행 2023년 8월 25일

책임편집 이지현, 임혜련, 송화록
디자인 황미연
삽화 장서영

다락원 경기도 파주시 문발로 211
내용문의: (02)736-2031 내선 460~465
구입문의: (02)736-2031 내선 250~252
Fax: (02)732-2037
출판등록 1977년 9월 16일 제406-2008-000007호

Copyright © 2023, 함채원

ISBN   978-89-277-1250-3 14730
        978-89-277-1248-0 (SET)

http://www.darakwon.co.kr

- 다락원 홈페이지를 방문하시면 상세한 출판 정보와 함께 동영상 강좌, MP3 자료 등 다양한 어학 정보를 얻으실 수 있습니다.
- 다락원 홈페이지에서 「생생 체험 현지 비즈니스 일본어」를 검색하거나 표지의 QR코드를 스캔하면 MP3 파일을 듣거나 다운로드 할 수 있습니다.